ALBERT METZGER

DE L'ACADÉMIE DES SCIENCES, BELLES-LETTRES ET ARTS DE SAVOIE

LES DERNIÈRES ANNÉES

DE

MME DE WARENS

SA SUCCESSION A CHAMBÉRY

SA TOMBE

d'après les documents inédits trouvés
aux Archives d'Etat, à Turin,
aux Archives départementales de la Savoie
et à l'ancien Tabellion de Chambéry

AVEC UN EXTRAIT DE LA MAPPE DU CADASTRE DE 1729
traduit selon le Theatrum Sabaudiæ
et le fac-simile de sa lettre du 3 avril 1756.

LYON

Henri GEORG, Editeur

Passage de l'Hôtel-Dieu.

16.
92.

In 27/
40767

Edité à trois cents exemplaires

le 27 août 1891.

DU MÊME :

La République de Mulhouse, son histoire, ses anciennes familles bourgeoises et admises à résidence, depuis les origines jusqu'à 1798. Un beau volume, elzévir, sur hollande, avec une gravure. . . . . 5 fr.

Le Budget de l'Instruction publique, en France, pour 1879-1880, brochure in-8°. . . . . 1 fr.

Le Budget municipal de Lyon en 1881, dépenses, recettes, octroi de la ville, brochure in-8°. . . . . . 1 fr.

Lyon sous la Révolution, le Consulat et l'Empire, notes et documents publiés, de 1882 à 1887, par Albert Metzger et révisés par Joseph Vaesen, 10 beaux volumes in-12, tirés à 300 exemplaires, sur hollande. . . . . . 50 fr.

A la Veille de la Révolution : Lyon de 1778 à 1788, notes et documents publiés, à l'occasion du Centenaire de 1789, par Albert Metzger et révisés par Joseph Vaesen ; un beau volume in-12, tiré à 300 exemplaires, sur papier de hollande, avec gravures . . . . 5 fr.

La Conversion de Madame de Warens, d'après des lettres inédites et les documents de l'époque, in-16 . . 3 fr.

Les Pensées de Madame de Warens ; son séjour aux Charmettes, son bail au Reclus, ses relations avec Wintzenried jusqu'en janvier 1754, d'après les documents inédits des Archives départementales de la Savoie. Avec un portrait inédit, gravé d'après Largillière, par Goupil, in-16. . . 5 fr.

Une poignée de documents inédits concernant Madame de Warens, 1726-1754, trouvés à Londres, aux Archives d'Etat à Turin, et à l'ancien Tabellion de Chambéry. Avec la photographie du portrait de la baronne, conservé au Musée Arlaud de Lausanne, et le fac-simile de son billet du 10 février 1754, in-16. . . . . . . 5 fr.

—⚹—

EN PRÉPARATION :

VERS DE JEUNESSE

—

ROUSSEAU A L'ILE SAINT-PIERRE
(Lac de Bienne)
1765

ALBERT METZGER

DE L'ACADÉMIE DES SCIENCES, BELLES-LETTRES ET ARTS DE SAVOIE

LES DERNIÈRES ANNÉES

DE

Mme DE WARENS

SA SUCCESSION A CHAMBÉRY

SA TOMBE

d'après les documents inédits trouvés
aux Archives d'Etat, à Turin,
aux Archives départementales de la Savoie
et à l'ancien Tabellion de Chambéry

AVEC UN EXTRAIT DE LA MAPPE DU CADASTRE DE 1729
traduit selon le Theatrum Sabaudiæ
et le fac-simile de sa lettre du 3 avril 1756.

LYON

Henri GEORG, Editeur

Passage de l'Hôtel-Dieu.

A
Madame Louis LACOUR
Née Marie-Anne de RISTORI

hommage respectueux,
A. M.

LES DERNIÈRES ANNÉES

DE

MADAME DE WARENS

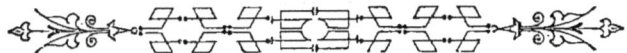

LES DERNIÈRES ANNÉES

DE

MADAME DE WARENS

I

1754-1756

Après avoir écrit sa lettre du 25 janvier 1754 à Wintzenried, Madame de Warens entretient, pendant quelques jours, une correspondance assez mystérieuse, témoin la minute suivante d'une missive quelque peu enigmatique, extraite des titres déposés aux Archives départementales de la Savoie.

Monsieur

Je suis infiniment sensible aux expression obligente et plaine de bonté dont vous monoré par votre réponce. Il ne dépendrat pas de moy, Monsieur, d'en mériter la continuation. Je metray tous mes soins à vous prouver mon respectueux dévouement.

J'ay l'honneur de vous donner avis que la persone que vous cherché est à présent à Chambéry. *Je luy ay parlés sen luy faire aucune mension de vous. Je luy ay dit qu'une persone qui venoit du coté (Ces lignes sont effacées dans l'original).* Cy vous avez quelque chose à luy demendé ou à luy faire savoir vous pouvez contés sur mon secret et sur ma fidellité. Il ne deppend que de vous Monsieur de la mètre à lepreuve lorsque vous le jugerez à propos. Je n'ay point fait vos compliments à M. de Lens luy lessent ygnorer de même qu'a tout autre que j'ay l'honeur de votre corespondence... La prudence et le secret est lâme de tout ce qu'il y at de plus grand dans la nature, comme dens la grace. Qui ne say pas opserver et à plaindre (Au lieu de ces 3 derniers mots il y avait primitivement ceux-ci, qui sont biffés « n'est pas digne, est a mépriser ») Comme le pauvre Mr de Lens et dens ce cas, je ne puis luy dire ny ce que je fait ny ce que je voudrois faire par des raison que j'espeire que vous aprouverez. J'auray l'honeur de vous les dire un jour *(ce dernier membre de phrase est biffé, dans l'original).* Je vous avertis que ce vieux petit homme que vous cherché ne me parois pas disposé à rester longtens à Chambéry. Il y at des persone du côté de Paris quy lon fait chercher icy pour le fer travalier en chimie. Il m'a dit qu'il avoit envie d'y aller. J'atent vos hordre à son sujet, et à toutes autres chose qui poura dépendre de moy. Et j'ay l'honeur d'être avec le plus parfait dévouement et un respect infiny

Monsieur,
Ce 2 février 1754 — Chambéry

Ce document inédit, dont le destinataire n'est pas indiqué, se rapporte, sans doute, à la pièce suivante, puisée au même fonds, dont la teneur nous est fournie par le dernier feuillet d'une minute de lettre, sans adresse, attribuée à Mme de Warens et datée du lendemain :

Soié persuadé M^r du plaisir que j'orois à vous obliger cy vous aviés la bonté de prier ce M^r dont vous me parlés de ce donner la peine de faire seulement un petit mémoire signé de sa main que vous m'adreceriez au premier courier, et qu'il indique dens son mémoire toutes les sience qui ce propose de pouvoir metre en usage Des que je loray reseu je le remetray à une persone de distinqtion et de mérite qui vat à Turin et quy et en état de présenter ce mémoire là où il conviendra le mieu pour l'avantage de ce M^r, et comme cette persone part dans le courand de ce moy il faud me l'envoyé au plus tôt. — Je souhaiterois trouver des aucasions plus essensielle que je put vous convaincre de l'atachement et sincère estime avec laquelle j'ay l'honneur d'être, M^r — ce 3 février 1754

Les Archives départementales de la Savoie livrent ensuite, à la critique, une troisième minute de lettre inédite, adressée par la baronne au curé de Gruffy, qui avait été en visite chez elle, à Chambéry, au mois de novembre précédent. Cette pièce, excessivement curieuse, est relative à un filon de fer, existant près de Gruffy. Mme de Warens recommande au curé, son ami, de ne pas manquer de faire l'éloge de cette mine ; elle laisse espérer que la chapelle de la Ste-Vierge, à Gruffy, où se trouvait un tableau de N.-D. des Ermites, bénéficierait de quelque don, et, finalement, la baronne se plaint de Messieurs les Français « qui savent plumer la poule et qui l'ont toujours trompée. »

Ce 4 février 1754

Monsieur et très cher frère

Je vous done avis que dens peu de jours vous vairez M Simon avec une letre de ma part pour aler découvrir le filon de fert que lon m'a indiqué et que vous saves proche de Gruffy — Je vous prie de ne pas menquer de luy faire l'éloge de cette mine, et comme vous savez qu'on en a fait du fert autrefoy mais que le maitre ouvrier qui avoit étably étant mort, que la chose en a demeuré la et quenfin je pençois à rétablir la chose pour moy même mais comme mais prossès non pas l'air de finir cy tot je remet ma découverte à la Compagnie de M Simon qui m'a promis qu'il y auroit égard et que notre dame des Ermitte ne seroit pas oubliées. Voila ce que vous aurez la bontés de luy dire en y ajoutant ce que la prudence et votre bontés pour moy vous poura dicter pour me faire un peu valoir dans l'indication que je donne et dont je renonce en leur faveur, car vous savez que M[rs] les François savent plumer la poule et qu'il veulent tout pour eux.

C'est la mes reserve. De même que je luy ait fort recomendé daler au devant de tout ce quy pouroit vous faire plaisir lors qu'on tireras la mines quon ce propose de faire seulement grilier sur les lieux et emportés ensuitte plus loins, pour la fondre, cependant j'ay lieu de croire quun fourneau conviendroit très bien à Gruffy atendu que les boix ny menque pas.

Je vous seray très obligés de me marquer votre sentiment sur tout cela par premier courier sens y menquer et surtout de m'en garder le secret à l'égard tout le monde comme aucy de M Symon ou de tous autres quy pourois y aler de ma part ou de la siene dens la suitte ne voulant pas dire tout ce que je pence à M^{rs} les François parcequ'il m'ont toujours trompé et je crain qu'il ne continue toujour de même, incy la défience et mère de la suretés.

Je me recommende à vos chère amitié et bontés hordinaire et jespaire que vos s^{te} prière m'optiendron les graces et les secour dont jay un cy grand besoin pour soutenir ma misérable vie et mes pénibles afaires.

Jay l'honneur d'être avec le plus parfait atachement et le plus profond respect

En froid avec de Courtilles, brouillée avec Jean-Jacques, la baronne n'en continuait pas moins de s'occuper d'affaires, témoin la lettre suivante, inédite, que l'un de ses correspondants de Carouge lui adressait, par la poste, à la même époque :

A MADAME
*Madame la baronne de Vuarens
de La Tour
faubourg du Reclus — A Chambéry*

Madame

Dans l'inquiétude ou je suis de scavoir si vous avez été satisfaite du mémoire que j'ay obtenu de M^r de La Croix ce grand ingénieur en mécanique et si vous avez eu la bonté d'en donner avis à la Cour, pour que je le puisse entretenir jusqu'à la réponse des votres. Il y a plusieurs Messieurs qui désirent avec empressement le produire à la Cour Prussienne ; pour le détourner, je luy représente qu'il lui seroit difficile de se faire à la langue allemande ; que par là il n'auroit aucune satisfaction d'être dans un pays où il ne pourroit s'énoncer.

J'espère, Madame, que par votre grand crédit, et vos soins, vous parviendrez à la gloire de produire au Roy un excellent sujet, et à moy un grand service, et l'honneur d'être, avec un profond respect, Madame,
Votre très-humble et très-obeissant serviteur.

signé Denervaux.

Carrouge le 27 février 1754
Mon adresse : A Mr Carbonel
au bas de la Cité. Pour la remettre à Denervaux — A Carrouge

Cette pièce est extraite des titres déposés aux Archives départementales de la Savoie et fait réponse aux lettres des 2 et 3 février, dont les minutes commencent le présent chapitre. Un autre document figure, quelques jours après, au premier volume de 1754, folio 422, des registres du Tabellion de Chambéry, et nous donne la teneur d'un acte par lequel le fameux Mathieu Casse,— dont j'ai indiqué, dans mon précédent volume, le rôle équivoque,

— retirait à Mme de Warens la procuration qu'il lui avait donnée le 1er février 1752.

ACTE DE RÉVOCATION
de procureur
en faveur du sieur Mathieu Casse
par la dame baronne Warens de La Tour

L'an mille sept cent cinquante quatre et le troisième mars, à Chambéry, sur une heure après midi, dans la maison où habite la dame baronne de Warens, située au feaubourg du Reclu de la présente ville, pardevant moi notaire Royal collégié, soussigné, en présense des témoins ci après nommés, s'est personnellement établi et constitué le sieur Mathieu, fils de feu sieur Thomas Casse, natif et habitant de la paroisse d'Aurelle en Maurienne, de présent audit Chambéry, lequel, de gré, néanmoins du consentement de dame Françoise Louise Eléonore de La Tour, fille de feu noble Jean Baptiste de La Tour, baron d'Empire, épouse de noble Isaac Sébastien de Warens, native de

Vevay, païs de Veaux en Suisse, habitante dez longues années en la présente ville, m'a déclaré, en présence des témoins cy après, vouloir cesser, annuller, révoquer la procuration générale qu'il a faite à laditte dame baronne de Warens, sous la datte du premier février mille sept cent cinquante deux, receu par moi dit notaire soubsigné, ainsi que par le présent acte ledit Casse annulle et révoque la procuration ci-dessus désignée, avec promesse que fait laditte dame baronne Warens de La Tour, de ne vouloir jamais se servir dudit acte ci dessus désigné, pour quelle cause que ce soit concernant la teneur d'icelui, ni de quels autres actes de procuration qu'auroit pu lui passer ledit sieur Mathieu Casse, pour agir à son nom, et à cet effet laditte dame baronne de Warens de La Tour s'est soumise aux peines de tous dépens, dommages, intérets à l'obligation de tous et un chacun ses biens présents et avenirs, sous la clause de constitut, Et de tout ce que dessus, ledit Mathieu Casse m'a requis, je dis nottaire soubsigné, acte, et du consentement donné par ladite dame à la révocation de la procure ci dessus ténorisée, que je lui ai accordé, pour lui servir et valloir en tant que de raison. Fait et prononcé audit lieu, les an, jour et heure que dessus, en présence du sieur Claude Pierre fils d'himitier Simon Dumesier, de la province de Franche Comté, habitant dèz quelques années en la présente ville, et de honorable Thomas, fils à feu Maurice Albiex, natif de la même paroisse d'Aurelle en Maurienne, aussi résident dudit Chambéry, témoins requis. Droit de tabellion trois livres. Signé à la minutte de je dis notaire soubsigné, de ce recevant requis, par les dittes parties, par ledit Simon Dumesier, l'un des témoins et non par l'autre, pour être illittéré, de ce enquis. Contenant le présent, et par moi écrit, y compris mon verbal et signature, presque deux pages que j'ai levé pour le tabellion après due collation. — Ainsi est.

Signé Cagnon, notaire

Le madré compère sentait que la baronne était perdue ; il tirait son épingle du jeu, à temps. La pauvre femme en était réduite aux derniers expédients. Vous qui savez lire, méditez ces quatre lettres, dont chaque ligne est soulignée d'un sanglot :

A M de Carolis — du 4 mars 1754.

Pour l'amour de Dieu M^r ayés pitié de moy je suis sans pain et sans credy par la malice de ceux qui cherchent a me detruire, que votre charité me procure un secour de sa M^{té}, et que sa protection deigne me faire ressentir les effets de ses graces en chargeant M^r lintendant general M^r le premier et M^r le second president et de sinformer de moy quelles sont mes raisons de plainte, pour que sa M^{té} sache du moins si j'ay tort ou non de me plaindre d'une compagnie pour qui j'ay tant pris de peine et après avoir si bien reussy soit dans les traveaux des riches mines que jay decouvert et que je fais travailler par les compagnies que jay établis en maurienne, soit dans l'établissement d'une fabrique de Chambery feaubourg du reclus pour toutes sortes de poterie et autres ouvrages en fer coulé. Soit aussy dans plusieurs belles découvertes de charbon de pierre et de terre, dont jay fais en reigle l'etablissement de plusieurs fauses en divers endroits du duché de Savoye apres avoir tant eû de peines et avoir eu les graces du Ciel, pour la reussite de mes entreprises faudra il que mes adversaires me fassent mourir de misère, et seray-je privée de la juste récompence de mes traveaux par surprise ou longeur des procedures menque de force et d'apuis pour me deffendre je vous conjure M^r d'avoir pitié de moy, votre bon esprit et les grandes charités que vous pratiqués chaque jours me font esperer que vous accorderés vos soins charitables a une pauvre femme etrangere qui n'a rien a se reprocher dans sa conduitte que d'avoir agit avec trop d'honneur et de franchise a légard de ses associés ou ceux qui agissent en leur nom, qui l'on tous trompés et sacrifiés pour assouvir leur ambition et leur avarice, honnorés moy M^r je vous en prie d'un mot de reponce et de votre puissante protection que je réclame avec une entiere confiance, vous priant M^r de vouloir agreer les assurances de ma plus parfaitte reconnoissance et du tres soumis et tres profond respect avec lequel jay lhonneur detre etc.

Monsieur au cas M^r que vous jugiés que S. M^{té} ne maccorde pas un don gratuit implorés du moins je vous prie la clemence du roy pour que sa charité deigne permetre que la tresorerie me fasse une avance de cent louis ce qui pourvoira aux besoins que jay du pain quotidien pendant que ma pension est engagée pour une annéc a mes creanciers et cela me donnera en meme tems des forces pour pouvoir soutenir avec houneur la suite de mes opérations et de mes traveaux. Etc.

Monsieur le comte de Grégory, général des finances
du 7 mars 1754

Je suplie votre Exc. de vouloir me favoriser de sa puissante protection et me mettre aux pieds du roy pour recevoir une de ses graces particuliers dans mon pressent besoin, je crois lavoir mérité par mon zele et par tout le travail que jay fais, si jay bien reusci a la decouverte des riches mines dont jay formé les compag^es de maurienne qui les travaillent aujourd'huy, je nay pas moins bien reusci à ma fabrique de potterie, et a la decouverte des charbons soit de terre soit en pierre, jay plusieurs traveaux de charbon etablis en regle et une compag^e pour continuer mes traveaux, jay fais a mes frais particuliers toutes les premieres avances pour les decouvertes ces depences particulieres etoient devenues indispensables pour que je pu parvenir a une reuscite et il n'est pas surprenant que je me trouve aujourdhuy dans un si pressent besoin, n'ayant encore rien pu tirer du produit de mes traveaux ce qui m'oblige a recourir pour quil plaise a S M^te ou a ses finances de m'accorder le secour dune avance de cent Louis pour me soutenir la vie en me procurant le pain quotidien qui me manque aujourdhuy pour avoir été forcée par mes creanciers de leur remetre pour une année les pensions que la charité du roy m'accorde en tresorerie, et par le moyent de ce secour je pouray m'alimenter et soutenir en meme tems avec honneur mes entreprises et traveaux qui par la grace de Dieu sont aujourdhuy dans leur point de solidité V. Exc. poura s'informer de la verité de ce que jay l'honneur de luy avancer si elle le juge a propos a Mr Lintendant géral a qui je suis toujours prette de rendre compte de mes operations lorsque V. Exc. le jugera à propos le secour que jose attendre par la protection et charité de V. Exc. rentrera dans tres peu de tems dans les coffres du roy et occasionnera un tres grand avantage a l'état si je suis soutenüe, jattend avec une entiere confiance l'effet de la genereuse et puissante protection de votre Exc. et jay l'honneur de l'assurer de ma plus parfaitte reconnoissance et du tres soumis et du tres profond respect avec lequel jay l'honneur detre Etc

Le brouillon de ces deux lettres, ainsi

que les deux suivantes, appartiennent aujourd'hui aux Archives départementales de la Savoie.

A M. le chevalier de Robilant du 4 mars 1754.

Je prend La Liberté Monsieur de profiter de cette occasion favorable pour me recommander a l'honneur de votre protection j'en ay tres grand besoin pour maider a suporter toutes les contradictions que l'on me sucitte chaque jours pour retarder autant qu'on peut l'avancement et l'utilité de mes travaux il est tres douloureux pour moy d'avoir a combatre tout a la fois la mauvaise foy et Lignorence de ceux qui devroyent etre les plus engagés a me soutenir ; j'espere que Mr. Wallin aura bien eu la bonté de vous parler de moy et de me rendre justice. Sil veut se donner la peine de se ressouvenir de ce que j'ay eu l'honneur de luy dire a son depart il m'obligera infiniment de vous l'expliquer La triste situation ou je me trouve, sans qu'il y ait en rien de ma faute, il y a plus de vingt années que je travaillois avec beaucoup de succez a la decouverte des mines de Savoye de meme que pour les charbons, que jay egalement decouvert avec tout le succez possible commil se voit aujourdhuy par nos traveaux des fosses a charbon que jay fais etablir et mètre en bonne regle, avec toute la diligence qui m'a eté possible, cependant malgrez tous les avantages que mes traveaux et mes decouvertes minerales procureront a l'etat j'entand dire chaque jour que je m'occupe a des chimeres que je ferois beaucoup mieux de ne rien faire du tout que de mopignatrer a des recherches curieuses qui produisent des traveaux si peinibles et si dispendieux Si je ne me flattois pas Mr de la dousse esperance que vos lumieres superieures sur les traveaux des mines vous engageront d'approuver ma conduitte, je serais entierement rebutée et inconsolable prette a tout abandonner, j'ose vous suplier Mr de vouloir m'accorder votre apuis pour me soutenir et m'aider a retablir ma fabrique de potterie qu'on vient de me detruire malicieusement sous pretexte disent ils qu'ils veulent aller letablir en maurienne ce qui leurs est impossible pour des raisons que j'offre a démontrer l'on ne peut faire en maurienne qu'un grand fourneau a couler la mine qui ne seaurait meme y subsister que tres peu de tems, accause de la difficulté des bois quil conviendroit infiniment de conserver tres presieusement pour faire couler les mines des qualités superieures au fer qui se trouvent etre de tres bonne qualité et abondantes dans la province de maurienne, je suis bien a pleindre Mr d'avoir afaire a des gens entêtés orgeuilleuses et ignorents qui font toujours presisement tout le rebour de ce qu'il devroit, pour que les choses allassent commil faut honnorés moy Mr je vous prie d'un mot de reponce je seray consolée et suporteray mes chagrins et ma misere avec patience dez que j'auray le bonheur D'apprendre que vous este content de ce que je fais et je me ferai toujours une gloire et un devoir de vous rendre un compte fidele des raisons de ma conduitte toutes Les fois que vous le jugerés apropos soyés Mr je vous prie bien persuadé que je conserveray une eternelle reconnaissance des bontés dont il vous plaira de m'honnorer et je seray toute ma vie avec le plus parfait devouement et le plus profond respect

La Lettre cy jointe vous fera aisement comprandre que je suis contredittes en tout et que l'interest du roy en souffre beaucoup. —

« *A M. de St-Laurent, du 7 mars 1754.* »

Quil plaise a V. Exc d'avoir pitié de moy et quelle deigne aprouver que j'ose continuer de la suplier de me metre aux pieds du roy pour recevoir une de ses graces particulier dans mon pressent besoin, je crois les avoir merité par ma bonne volonté, par mon zele par le travail que j'ay fais, si j'ay bien reuscy a la decouverte des riches mines dont j'ay forme les compag^{es} de morienne qui les travaillent aujourdhuy je nay pas moins bien reuscy a ma fabrique de potterie et a la decouverte des charbons soit en terre soit etablis en regle et une compagnie mesd. traveaux jay fais a mes frais particuliers toutes les premieres avances pour les decouvertes, ces depences particulieres etoient devenües indispensables pour que je pû parvenir a une reuscite il n'est pas surprenant que je me trouve aujourd'huy dans un si pressent besoin n'ayant encor rien pu recevoir du benefice de mes traveaux je demande tres humblement a S. Mté ou a ses finances le secour d'une avance de cent Louis, pour me soutenir la vie en me procurant Le pain quotidien qui me manque aujourd'huy pour avoir été forcé par mes creanciers de leur remetre pour une année les pensions que la charité du roy m'accorde en tresorerie et par secour je seray en etat de soutenir avec honneur mes entreprises et traveaux qui par la grace de dieu son aujourd'huy dans leur points de solidité.

V. Exc poura sinformer de la verité de ce que jay L'honneur de luy avancer si elle le juge apropos a Mr Lintendant gcral et Mrs le premier et second president a en pierre jay plusieurs traveaux de charbon qui je suis prette de rendre compte de mes operations Lorsque V. Exc le jugera apropos le secour que j'ose attendre de léquité et de la charité de V. Exc rentreront dans tres peu de tems dans le coffre du roy et occasionnera un tres grand avantage a Létat L'œil attentif de V. Exc pour le bien et l'avantage des finances de de sa $M^{té}$ est trop penetrant pour ne pas pencer au dela de ma foible expression et pour ne pas sentir et voir a decouvert que jexpose la verité toute unie et sansfard si je suis soutenüe il n'en peut arriver qu'un tres grand benefice au pays icy au lieu que ma disgrace fera peut être faire de tristes reflections aux etrangers que j'avois jnvité a faire passer encor de nouveau fonds en Savoye pour la continuation des minieres metalique et des charbons jattend avec une entiere confiance les effets de la genereuse et tres puissante protection de V. Exc et jay L'honneur de L'assurer de ma plus parfaitte reconnaissance et dutres soumis et tres profond respect aveclequel je suis

Au lendemain même de ces appels désespérés, un autre acolyte de la baronne, Jean-Charles Perrin, passait un acte, par lequel il se retirait de la société que Mme de Warens avait formée, en 1752, pour l'exploitation des mines de houille de la Savoie, dont le Roi de Sardaigne lui avait concédé le privilége. Voici la teneur de ce document, très curieux dans ses détails, inséré au 1er volume de 1754, folio 422, des registres du Tabellion de Chambéry.

DÉPARTEMENT
en faveur de la dame baronne de Warens de La Tour, par spectable Jean Charle Perrin, bourgeois et habitant de Chambéry portant en capital L. 1000.

L'an mille sept cent cinquante quatre et le huictième mars, à Chambéry, au fcaubourg du Reclu de la présente ville, sur les trois heures apres midi, dans la maison où habite la dame baronne de Warens de La Tour, pardevant moi notaire royal colligié soubsigné, et présents les témoins bas nommés. Il est ainsi que, par contract du premier aoust mille sept cent cinquante deux, receu par moi dit nottaire soubsigné, passé entre laditte dame baronne de Warens de La Tour, noble Jean Samuel Rodolphe Wintcenried de Courtilles, spectable Jean Charles Perrin et le sieur Prudent Reveyron, auroient contracté société entre eux, concernant la recherche des charbons de pierre, de terre, soit houllie, dans toute l'étendue du duché de Savoye, et de faire laditte recherche à commun fraix, tout comme de faire chacun leurs fonds, et partager les profits par quart, et autres articles contenuts audit acte, auquel on se rapporte, que conséquemment à icelui, sur la demande et prière faite à sa Majesté, par la supplique présentée à la part de laditte dame de Warens, et de celle dudit noble de Courtilles, Elle auroit bien voulu, par un effet de ses grâces, leur en accorder le privillège ainsi que par lettres patentes émané de sa Majesté en leur faveur, en datte du trentième octobre suivant, Tous les susnommés auroient encore passé une transaction entre eux pour le même fait et dessein, portant une cimentation de société et éclercissement d'icelle, ainsi que par contract du dix-huict décembre de ladilte année receu et signé par M⁰ Reveyron nottaire, et par acte de main privée fait à double, du second mai année dernière, ledit sieur Prudent Reveyron se seroit départi, cédé et transporté à ses dits associés, tout le bénéfice qu'il pouvoit prétendre en vertu des susdésignés contracts, avec promesse qu'il lui firent de le libérer jusqu'à la datte dudit acte de main privé, de tous les fraix qui avoient étés faits jusqu'al'ors pour la recherche desdits charbons, et comme cette portion étoit tombé commune, tant à laditte dame baronne de Warens, audit noble de Curtilles qu'audit sieur Perrin, ces premiers au nom de ce dernier, par contract du vint huict juin année dernière, aussi receu par moi dit notaire, associèrent et mirent au lieu et place dudit sieur Prudent Reveyron le sieur Alexandre fils de Pierre Bérard, icelui agissant tant à son nom qu'au nom dudit son père, et de Simon Bérard son frère, de la ville de Genève, pour jouir, ledit Alexandre Bérard, et au nom de ceux pour qui il parut des mêmes privillèges rappellés dans les contracts ci dessus, et de la teneur d'iceux, sous promesse qu'il fit d'en remplir tous les engagements, et de contribuer pour sa cotte part dans la dépençe à faire de même que d'entrer dans le gain et perte ; et par autre contract du vint neuf dudit juin de la même année, aussi receu par je dit nottaire, laditte dame baronne de Warens, ledit noble de Curtilles et ledit sieur Alexandre Bérard, aussi tant à son nom que celui de ses père et frère, lesdits associés agissants aussi tant à leur nom qu'à celui dudit spectable Perrin, par lequel ils promirent de faire ratifier lesdits deux actes, admirent encore pour un autre associé, le sieur François de La Corbière, ancien citoyen de Genève, pour une cinquième portion concernant la recherche des dittes mines, et lesquels dits deux contracts, ledit spectable Perrin approuva, confirma et ratifia aussi par celui du second septembre suivant, receu de même par je dit nottaire, et du depuis ledit sieur Perrin n'auroit plus voulu entretenir la ditte société, ladittte dame baronne de Warens de La Tour lui auroit proposé s'il vouloit se départir de leur dite société et de la teneur des contracts ci dessus ténorisés en sa faveur, qu' s'obligeroit de lui rembourcer soit lui payer la somme de mille livres monoye de Savoye, dans une année prochaine, datte du présent, néanmoins sans intérêts pendant ledit terme, et passé icelui, avec intérest stipulé au cinq pour cent, et de lui donner encor bonne et suffisante caution pour la seureté de laditte somme, de même que de le relever de tous les engagements par lui pris par les contracts énoncés ci dessus, ce qui auroit été accepté par ledit sieur Perrin. Pour ce est il que les an, jour, lieu et heure que dessus, par devant moi nottaire et témoins, s'est personnellement établis et constitué ledit spectable Jean Charle, fils à feu sieur Maxime Perrin, avocat au sénat, natif, bourgeois et habitant dudit Chambéry, lequel, de gré, pour lui et les siens s'est départy, ainsi que par le présent acte il se départ, purement, simplement et irrévocablement, de la meilleure manière que département se peut faire de droit en faveur de laditte dame françoise Louise Eléonore, fille feu noble Jean Baptiste de La Tour, baron d'Empire, épouse de noble Isaac Sébastien de Warens, native de Vevey, païs de Veaux en Suisse, canton de Berne, habitante de la présente ville ici présente et acceptante, pour elle et les siens, à sçavoir de la cinquième portion qu'il at dans la recherche des mines de pierre, de terre, soit houllie, conformément aux contracts ci dessus ténorisés, auxquels ont se rapporte pour le tout, lui transférant et cédant tous les droits, bénéfices et privillèges d'iceux, la constituant pour sa procuratrice générale, avec pouvoir de constituer et substituer sous due élection de domicile, et ledit département fait par ledit spectable Perrin, pour et moienant le prix et somme de mille livres monoye de

Savoye, que ladite dame baronne de Warens promet lui payer ou es siens, dans cet année prochaine, datte du présent sans intérest pendant ledit terme, et passé icelui, avec intérest stipulé au cinq pour cent, promettant encore laditte dame de le relever et faire relever dez à présent envers ses dits associés, de ses engagements qu'il avoit pris par les contracts ci dessus désignés, et pour l'observation de tout quoi, laditte dame baronne de Warens s'est soumise aux peines de tous dépens, dommages, intérêts, et à l'obligation de tous et un chacun ses biens présents et avenirs qu'elle se constitue à ces fins tenir, et c'est laditte somme de mille livres en remboursement des fonds qu'il at remis au sieur Vidal, caissier établi par la Compagnie ; et pour plus grande seureté de la somme ci dessus promise par laditte dame baronne de Warens, à sa prière et réquisition s'est de même ici personnellement établis et constitué noble François fils de feu noble Joseph Davied, seigneur de Fontenex et de Gy, natif de la ville de Thonon, de présent audit Chambéry. lequel, de gré, pour lui et les siens, néanmoins après avoir renoncé au bénéfice de division, d'ordre et de discution, s'est rendu plaige et caution pour laditte dame baronne de Warens de La Tour, principal payeur et observateur du contenu au présent, et pour l'effet de ce que dessus s'est aussi soumis aux peines de tous dépens, dommages, intérêts, à l'obligation de tous et un chacun ses biens présents et aveniers, sous clause de constitut, avec promesse avec promesse que fait laditte dame baronne de Warens de relever saditte caution de tout ce qu'il pourroit souffrir, occasion dudit cautionnement, tant en principal, dommages intérêts que dépens, aux mesme peines que dessus, hypothèquant spécialement pour ce fait laditte dame de Warens, toutes les prétentions et bénéfices qu'elle at pourroit avoir et retirer de laditte société, étant expressément convenu entre laditte dame baronne de Warens de La Tour et ledit seigneur Davied, qu'au cas que ce dernier fut obligé à payer audit sieur Perrin la susditte somme de mille livres, audit cas, il sera dez à présent mis et subrogé au même lieu et place de laditte dame baronne de Warens, comme représentant ledit spectable Perrin, en vertu du présent département, qui en vrai signe d'icelui, a manuellement remis à laditte dame, au vu de moi dit nottaire et témoins, toutes les expéditions des actes et privillèges qui lui avoit été remis concernant laditte société, et sans entendre, ledit seigneur s'astraindre à aucune autre chose concernant la susditte société, que cautionner laditte dame de Warens pour laditte somme de mille livres, et c'est en tant que le présent serat approuvé et ratifié par les autres associés de Genève et par ledit noble de Curtilles, Et ce ont fait lesdittes parties, par mutuelle et réciproque stipulation et acceptation, et ont promis et promettent observer tout le contenut au présent chacune en ce qui la concerne, aux peines respectives de tous dépens, dommages, intérêts, à l'obligation et constitution réciproque de tous et un chacun leurs biens présents et avenirs, sous clauses de constitut, entendant icelle parties, que la narrative du présent ne fasse qu'une seule et même substance, et comme corp individu avec la présente dispositive, sous toutes dues promesses, soumission, renonciation, stipulation acception, et autres requises de droit. Fait et prononcé audit les lieu, an, jour et heure que dessus, en présence du sieur Claude Vidal, marchand et habitant de la présente ville, et de Pierre Michal, aussi habitant de la présente ville, témoins requis. Tabellion trente sols, lesquels témoins, de même que les parties, ont signés sur la minutte de je dis nottaire soubsigné, de ce recevant requis, contenant le présent et par moi écrit, y compris mon verbal et signature, presque cinq pages, et levé pour le tabellion, après due collation faitte sur ma ditte minutte, quoique le présent minutaire soit par d'autre écrit. — Ainsi est.

Signé : Cagnon, notaire.

Enfin, la baronne parvenait, cependant,

à contracter un emprunt ; la preuve en est dans un brouillon de reçu, non signé, attribué à Mme de Warens, conservé aux Archives départementales de la Savoie, ainsi conçu :

Nous soubsigné prométon paier a Monsieur Tomas mètre fondeur saxon ; ou a son hordre dens le terme d'une annee quinze louys dor neuf de france de vint une livre piece ; qu'il nous a pretes en meme espece. en foy de quoy nous avont signé le present a chambery ce 20 mars 1754.

Ce reçu eut immédiatement une seconde rédaction ; voici la teneur du deuxième brouillon :

Nous soubsigné en considération et par Reconoissance du service que Mr Tomas maître fondeur saxon vient de nous Rendre en nous prêtant quinze louys neufs pour nos traveaux de la Colombière nous luy prometons de bonne foy de luy doner mille livre de Gratifications ; cy tot que nous auront décombré notre filons, du soubterrin de la Colombiere et que nous envoirons la mines ce que esperont avec l'aide du seigneur quy ceras dens le courends de cette annee. en foy de quoy nous avont signé le present a Chambery ce 20 mars 1754.

Outre le précédent document, les Archives départementales de la Savoie possèdent encore, de la même date, une minute de lettre, dont la dernière phrase, seulement, et quelques corrections sont de la main de Mme de Warens ; la missive paraît avoir été adressée au directeur des travaux que la baronne faisait exécuter au Bourget-en-Huille.

Monsieur, j'ay l'honneur de vous donner avis que Monsieur Perrin Langlay s'étant départy par contract, de sa part et prétantion dans la Compagnie des Charbonnier, je me trouve dans le cas d'estre chargée de nos affaires pour les traveaux des huilles et du Bourget, Comme étant la seulle à portée de cette partie, les autres associés de Genève et de Tarantaise étant trop éloigné. Incy je vous prie, Monsieur d'avoir la bonté de vouloir agir en bonne inteligence avec moy suivant la coutume allemande, et de prendre la paine de faire pezer tout le charbon qui et dans les fauces que je vient de vandre aux sieur Joseph Tournier. *Il m'en offre* un douzon le quintal, pour celuy qu'on tireras à l'avenir ; *sur quoy nous vairons entre vous et moy* ce qu'il conviendras de faire. — Je luy fait un rabay sur celuy qu'on at tiré jnsqu'a à présent à cause qu'il est encore un peux mellé de servelle. Il ne vous en payera que dix sols le quintal. Vous auré la bonté dens retirez l'argent pour payer ce quy est encore deu aux ouvrier, et pour avoir quelques choses pour recommencer les traveaux, l'orque le beautems le permettra. De zirant d'avoir l'honneur d'une conférance particulière avec vous, je vous en prie avant que de recommencer les traveaux, vous priant aux surplus que vous ayez la bonté de

(Toute cette première partie de la lettre est d'une écriture autre que celle de Mme de Warens, sauf les quelques mots et corrections en italique, qui sont de sa main, ainsi que la fin de la lettre)
faire atantions que nos houtils et équipage du filons ne se perde pas, Mr...... nous ayant donner un comte de cinq livres de dépence tent en outils que autres équipage et frais de mineurs. — Recomendent le tout à vos bontés hordinaires j'ay l'honeur d'êtres avec bien de la reconoissance et la plus parfaite considération etc.

A Chambéry ce 20e mars 1754.

Quelques mois après, Mme de Warens paraît cesser de faire partie de la Compagnie des mines de la haute Maurienne, dont elle avait été la fondatrice. Certainement, à cette époque, elle ne possédait plus d'actions de la société. Le fait est démontré par une collection de pièces de comptabilité, du commis des mines des Fourneaux en Maurienne, existant aux Archives départementales de la Savoie. En effet, jusqu'au 22 juillet 1754, le régisseur certifie ses états de la manière suivante :

« Je soussigné Etienne Durand, commis
« régisseur des minières de la haute
« Maurienne et fabriques des Fourneaux,
« dépendente de Mme la baronne de Wa-
« rens, Mr Mansord et Cie, certifie, etc. »

A partir de cette date, Durand change sa formule et se dit : « Régisseur des Mines de la haute Maurienne et fabriques des Fourneaux, dépendente de MM. Mansord, Perrichon et Compagnie. »

L'histoire possède, ainsi, la date exacte de l'époque à laquelle la baronne fut évincée, de fait sinon en droit, de la fameuse compagnie qu'elle avait créée.

Quelques semaines auparavant, Mme de Warens avait revu Jean-Jacques, qui datait de Chambéry la dédicace de son *Discours sur l'origine et les fondements de l'inégalité parmi les hommes*. Rousseau dit, au Livre VIII des Confessions :

« A Lyon, je quittai Gauffecourt, pour prendre ma route par la Savoie, ne pouvant me résoudre à passer derechef si près de maman sans la revoir. Je la revis.... Dans quel état, mon Dieu ! quel avilissement ! Que lui restoit-il de sa vertu première ? Etoit-ce la même Mme de Warens, jadis si brillante, à qui le curé Pontverre m'avoit adressé ? Que mon cœur fut navré ! Je ne vis plus pour elle d'autre ressource que de se dépayser. Je lui réitérai vivement et vainement les instances que je lui avois faites plusieurs fois dans mes lettres, de venir vivre paisiblement avec moi, qui voulois consacrer mes jours et ceux de Thérèse à rendre les siens heureux. Attachée à sa pension, dont cependant, quoique exactement payée, elle ne tiroit plus rien depuis longtemps, elle ne m'écouta pas. Je lui fis encore quelque légère part de ma bourse, bien moins que je n'aurois dû, bien moins que je n'aurois fait, si je n'eusse été parfaitement sûr qu'elle n'en profiteroit pas d'un sou. Durant mon séjour à Genève, elle fit un voyage en Chablais, et vint me voir à Grange-Canal. Elle manquoit d'argent pour achever son voyage : je n'avois pas sur moi ce qu'il falloit pour cela ; je le lui envoyai une heure après par Thérèse. Pauvre maman ! Que je dise encore ce trait de son cœur. Il ne lui restoit pour dernier bijou qu'une petite bague ; elle l'ôta de son doigt pour la mettre à celui de Thérèse, qui la remit à l'instant au sien, en baisant cette noble main qu'elle arrosa de ses pleurs. »

Accompagné de Thérèse, Rousseau avait fait route, de Paris à Lyon, avec Gauffecourt, l'un de ses premiers amis. Or, les Archives départementales de la Savoie possèdent la copie d'une lettre adressée à M. *de Goffecour à Genève*. Ces quatre derniers mots, qui terminent la suscription de la pièce, sont seuls de l'écriture de M*me* de Warens. Le document nous initie aux démêlés de la baronne avec son associé Perrichon, et dévoile le projet, qu'elle caressait alors, de quitter Chambéry :

Monsieur je me suis trouvée Cy incomodée que je n'ay pas étés En Etát de de vous Rendre plus tôt mes juste actions de graces sur les soins genereux que vous venez encore de vous donner à mon aucasions ; je plain la veuglement de Mr. P. mais comme C'est aux jourd'huy un mal sen remede il faud que cette fievre fasse crize ; pour moy que nay rien à me Reprochée, que davoir agit avec trop de zelle et de Bonne foy pour bien Etablir, je me trouve Consolée de toutes les injustices que lon Exerce a mon Egards par le Bonheur que j'ay Eu de Bien Reussy, le temps, fera assé connoistre La consequance de mon ouvrage sans que je fasse mes Eloges, jendoit Rendre a dieu deternelle actions de grace ; je me Retireray dens peu de jours dans le petit hermitage que j'ay choisy ; ce qui me mestras portée davoir Lavantage de vivre dans votre voisinage ce qui me flatte infiniment, sur tout Cy josoit esperer que vous voulussié prendre la peine de venir visiter la peauvre hermitte ; je vous prie Cy vous voiée Mr. Rousseaux de luy faire mes amitiés, Cy vous monorés de vos chere nouvelles, passé la quinzaine je seray dans Lermitage dont vous savez la dresse. j'ay l'honneur destre avec la plus parfaitte Reconnaissance, et la Consideration la plus Respectueuse Mr etc

a chambery ce 2ᵉ aout 1754.
ce 2 aout 1754.

Peut-être, Mᵐᵉ de Warens fait-elle allusion, dans cette lettre, à la maison d'un M. Lejeune, qu'elle avait louée avec son jardin, à Evian, ou à l'immeuble qu'elle achètera, le 19 juin 1755, dans la même ville, et dont elle devra résilier l'acquisition, le 27 septembre 1757, moyennant dommages-intérêts, faute de pouvoir en payer le prix. Quoi qu'il en soit, la misère réelle de la baronne était notoire, à Chambéry ; l'histoire en a l'indication exacte dans un acte du 21 août 1754, par lequel Mᵐᵉ de Warens, que le notaire appelle *pauvre dame baronne*, donne sa procuration à Wintzenried, afin de poursuivre le procès qu'elle avait intenté aux héritiers de Mgr de Rossillon de

Bernex, évêque de Genève, qui lui avait légué une pension de 150 l. par an, dont elle n'avait jamais pu être payée. Mme de Warens veut que, sur les premiers arrérages, qu'il touchera, Wintzenried commence par se rembourser d'une somme de 705 l., qu'il avait prêtée, en 1753, à l'infortunée baronne, et qu'il paie, ensuite, dans l'année, 200 l. à un boulanger, auquel Mme de Warens les devait, pour fourniture de pain. Le document figure, en ces termes, au 2ᵉ volume de 1754, folio 903, des registres du Tabellion de Chambéry :

Procuration passée au sieur de Courtilles par pauvre dame baronne de Warens.

L'an mille sept cent cinquante quatre et le vingt-unième jour du mois d'aoust, à Chambéry, à deux heures apres midy, dans la maison d'habitation de la dame constituante, cy après nommé, pardevant moy notaire royal soussigné, et présents les témoins cy après nommés, s'est personnellement établie et constituée pauvre dame Françoise-Louise Eléonore, fille de feu noble Jean-Baptiste de La Tour, baronne de Warens, natifve de Neveu (sic) en Suisse, résident en cette ville, laquelle, de gré constitue pour son procureur général, sous élection de domicile, noble Jean Samuel Rodolphe Wintzinried, fils de noble Samuel Rodolphe de Courtilles, natif de Courtilles, pays de Veaux, canton de Berne, résident en cette ville, icy présent et ladite charge acceptant, et c'est pour et au nom de la dame constituante, faire touttes les poursuittes nécessaires pour se procurer le payement de la cense annuelle et viagère de cent cinquante livres de Savoye qui luy ont été léguées par Monseigneur de Rossillon de Bernex, évêque et prince de Grenoble (sic) affectée sur la terre de Sallonges, possédée par M. le doyen de Mont St Jean, demander et faire rendre compte de ladite cense dez le décès dudit Révérendissime Evêque jusques à cejourdhuy, et encore à l'avenir, pendant qu'elle devra avoir lieu, et pour ce, intenter tous procès, tant en action réelle, personnelle, que mixte, soit par nouvelle instance, soit par continuation de celle déjà commencée, et en iceux dire, déduire, produire, communiquer et contredire, tous titres fournir, et sauver touttes exceptions, et généralement poursuivre lesdits procès jusqu'à sentence et arrêt définitifs, pleine et entière exécution d'iceux, s'il y échoit, avec pouvoir de transiger, accepter ou révoquer tous offres, exiger et passer quittance, le tout quoy elle aprouve et rattifie dez à présent comme pour lors, luy donnant encore pouvoir de poursuivre en instance sommaire ou règlée le nommé Pierre Sandre, de la paroisse de Chanaz, pour le payement de la somme de cent soixante deux livres dont il luy est débiteur, pour des causes connues audit sieur de Courtilles, révoquant, pour le fait de ces deux demandes, tous autres procureurs, cy devant constitués, auxquels ledit sieur de Courtilles pourra et devra demander compte de leur administration et exaction, retirer et exiger le reliqua, en passer dû acquittement, et retirer d'entre les mains de Mre Morel, procureur, les titres et procédures qu'il a t à ce sujet, et d'en faire chargé, si besoin est, et en cas de plaid, de constituer et substituer Mre Vernier, procureur au sénat, et des exactions que ledit sieur de Courtilles faira et devra faire, il commencera à s'en retenir la somme de sept cent et cinq livres qu'elle confesse et déclare luy devoir pour cause de prêt, dont même elle luy a passé deux billets, le premier, sous la datte du six mars, et le second, du vingt-trois décembre mille sept cent cinquante trois, qui après ladite rétention, seront remis à ladite dame constituante, sur lesquels billets sera la présente anotté, pour avoir été convenu qu'ils ne seront payés qu'au moyen de l'exaction desdites censes, de plus elle l'oblige et assigne de payer, dans une année la somme de deux cent et quelques livres au boulanger Ciron et sa femme, demeurant sous le château, qu'elle déclare leur devoir pour du pain fourni à sa famille, et du surplus de ses exactions, il devra en rendre compte à la dame constituante, en prélevant néantmoins les frais qu'il aura suportés, occasion de la présente procuration. Ce que l'un et l'autre ont promis observer, aux peines de tous dépens, domages intérêts, sous l'obligation de tous leurs biens présents et avenir, qu'ils se constituent respectivement tenir. Fait prononcé en présence de noble François Daviet, seigneur de Foncenex et de Gy, et de noble Pierre François La Branche, habitant à Bramans, en Maurienne, et ce premier en cette ville, témoins requis. Les parties et témoins ont signé à la minutte de moy notaire recevant qui ay levé le présent, pour l'office du tabellion. contenant sur icelle, deux pages et un quart.

Signé Petroz, notaire.

Le même registre du Tabellion contient, au même folio, à la même date, une procuration, donnée par *pauvre dame baronne de Warens*, pour gérer, en son absence, les affaires de sa société des mines de la haute Maurienne et poursuivre le procès, que la Compagnie avait par-devant le sénat — cela devait finir ainsi — contre le sieur Mathieu Casse.

PROCURATION

passée par pauvre dame baronne de Warens au sieur Joseph Thorin.

L'an mille sept cent cinquante quatre et le vingt unième jour du mois d'aoust, à Chambéry, à deux heures et un quart après midy, dans la maison d'habitation de la dame constituante cy après nommé, par devant moy notaire royal soussigné, présents les témoins cy après nommés, s'est personnellement établie et constituée pauvre dame Françoise Louise Eléonore, fille de feu noble Jean-Baptiste de La Tour, baronne de Warens, natifve de Neveu (sic) en Suisse, résident en cette ville, laquelle étant obligée de s'absenter pour ses intérêts particuliers, de gré a constitué et constitue pour son procureur spécial le sieur Joseph Thorin d'icy absent, moy dit notaire pour luy présent et acceptant, c'est pour et à son nom régir et administrer les mines et travaux dépendant de la Compagnie formée entre la dame constituante, le seigneur Camille Périchon et le seigneur françois Mansord, en conformité du règlement de ladite Compagnie, et sans préjudicier au procès noué au sénat entre lesdits associés et le sieur Mathieu Casse, avec pouvoir qu'elle lui donne d'établir ou révoquer les employés, faire rendre compte par les régisseurs et gardes magasins, vendre les mattières provenantes desdites mines et fabriques au plus grand avantage de la Compagnie, et poursuivre les débiteurs d'icelle, leur donner touttes quittances et décharges, en un mot administrer tout ce qui peut dépendre de sa charge de directeur et caissier, à la charge qu'il rendra compte à ladite dame constituante, de son administration et luy fournira tous les trois mois, ou touttes les fois que ladite dame le requerra, les états de la situation de la caisse et des mattières qui seront par luy vendues, de celles qui seront dans le magasin et de celles qui seront tirées dans les fosses, Et en cas de plaid, il pourra constituer ou substituer tel procureur qu'il jugera à propos, le tout avec élection de domicile Le tout quoy ladite dame constituante approuve et rattiffie dèz à présent comme pour lors, promettant néantmoins de le relever de tout ce qu'il pourroit souffrir, occasion de la présente procuration, aux peines de tous dépens, domages intérest, sous l'obligation de tous ses biens présents et avenirs, qu'elle se constitue tenir. Fait et prononcé en présence de noble françois Davied, seigneur de Foncenex et de Gy, habitant en cette ville, et de noble Pierre françois La Branche, habitant à Bramand en Maurienne, témoins requis qui ont signé, de même que ladite dame constituante sur la minutte de moy notaire recevant qui ay levé le présent, pour l'office du tabellion contenant sur icelle une page et demy.

Signé Petroz notaire.

Voici, concernant les mines de plomb situées au-dessus de Modane et exploitées par la société de Mme de Warens, un très curieux extrait d'un rapport sur les mines du duché de Savoie, adressé, le 27 août 1754, par l'intendant général de Chambéry, au commandeur Richa, directeur général du service des Mines, à Turin. Ce document est extrait des Archives départementales de la Savoie, Série C, N° 126 :

M^r le commendeur Richa

Du 27 aoust 1754

Je suis bien fâché de ne pouvoir répondre d'une manière plus satisfaisante à la lettre dont vous m'aves honoré, Mr, le 3me du courant ; les minières qu'on exploite en Savoye n'étant ny en nombre ni si abondantes en plomp pour pouvoir vous en procurer. Outre celles de Pesey qui doivent fournir à l'arcenal tout leur produit en plomp nous n'avons d'autres minières en activité dans ce duché que celles des huilles et celles de Maurienne au dessus de Modane. Ceux qui exploitent les minières des huilles ou M. le comte de Montjoye est intéressé sont déjà astraints par un contract de remettre tout leur plomp à l'arscenal, et doivent avoir passé cette soumission à votre bureau et soit faute d'argent........ etc... ils profitent plus tôt d'un filon de cuivre qui leur est de quelque plus grande utilité.

A l'égard des minières de Maurienne au dessus de Modane qui sont exploitées par la société de Mme la baronne de Varrens, les travaux se continuent toujours, mais la difficulté de la descente de la mine des plus hautes montagnes leur cause beaucoup de fraix et à peine cette société peut elle suffire aux engagement qu'elle a avec la Direction des gabelles puisqu'elle a été obligée de diminuer la quantité promise aux gabelles de Savoye pour pouvoir fournir la plus grande portion à la direction générale des gabelles de Piedmont à laquelle elle addresse à Turin depuis quelque tems ses plomps. »

Cependant la baronne, après avoir donné sa procuration à Joseph Thorin, était partie pour Evian. La preuve en existe dans la lettre suivante, que lui adressait, de Thonon, un de ses amis, françois Daviet, lequel figure, comme témoin, dans les deux actes que Mme de Warens avait fait passer, le 21 août précédent.

Madame

J'auray l'honneur de vous voir le plus tôt possible Mr Fabre me presse de vous dire quil mat parlé plusieurs fois pour m'engager a ce voyage, l'empressement que iay pourra vous marquer ma iuste reconnoissance nat point diminué ; mais, Madame, iay eu des contretems qui mont privés de ce plaisir, Soyés en bien persuadée, car ie vous puis assurer que personne nest avec plus de justice ny avec plus de respect

Madame
Votre très humble et tres obeiss^t serviteur

DAVIET DE FONCENEX

Thonon ce 13 7bre 1754

J'ay bien remis vos lettres de Suisse avec les instructions que iy ay joint ; Mr votre parent etoit a notre passage a quelques lieües de La tour

Madame
Madame la Baronne de Warens Baronne de Latour et presentement
a Evian

En mentionnant ce document, qu'il avait sous les yeux, Jacques Replat dit dans sa *Note sur Madame de Warens*, à propos du post-scriptum : « Ceci nous fait présumer que, dans sa détresse, elle était venue en Chablais pour jeter du rivage un regard suppliant au pays natal, et pour faire appel au toit de famille qu'elle avait déserté. » Replat ajoute : Etait « inclus dans cette missive le billet d'un sieur Fabre : il prie madame de Warens d'écrire à Genève à *MM. Bérard et associés :* à telle fin que cette maison fournisse de la *peluche* destinée à pourvoir de *veste* et de *surtout* un sieur Joseph Piston, aux frais de la dame, bien entendu. » Or, la lettre de

Daviet existe encore aux Archives de la Société florimontane, où Eloi Serand l'a collationnée, exactement, pour le présent volume ; mais le billet de Fabre a disparu.

Madame de Warens était encore absente lorsque Wintzenried lui adressa de Chambéry, le 8 octobre 1754, la lettre extrêmement curieuse, appartenant aux Archives départementales de la Savoie, dont voici la teneur inédite pleine de révélations :

Jay recut l'honneur de la votre par le s^r Michot quil vous dira notre situations ma femme malade et moy qui ay la fievre depuis dix jours, vous voyé par la sy ma situations est tranquille et gracieuse sans ma rester plus long tems sur ma situations je vient par celle cy vous donner le dernier avis que je crois que l'honneur et la probitté dont j'ay toujours faits profeitions mon dicter de même qu'un Etre suprême m'ont inspirer. le recit du s^r Michot m'a fait entrée dans des idées afreuses de létat present ou vous vous trouvé cependant nétant pas instruit afonds de vos ydées ny de vos affaires, la façon de vivre que vous avés prit jusqua present vous ont otté tous vos amis, vous voulé entretenir bien des geans a de gros frais ce que le seig^r le plus opulent ne pouroit pas faire voyé Mad^e a quoy vous sert de faire courir les montagnes à fabre a 600 l. par année et cy M. Daviet qui vous a trompé en tout et partout meritte davantage votre confience le s^r Merkel qui a 600 l. de la Compagnie outre cela vous lentretené luy et sa famille comment voulé vous que cela cepuisse faire cela est impossible avec le revenu que vous avés et l'état present de vos afaire demande un menagem^t tout contraire vous avés mangé par avence vos cartier et je ne voit point quelle peut être votre idées. le s^r Vidot comme je vous l'ay marqué a conjedier les ouvriers du Bourget faute d'argent a ce qu'il dit ; M^r le marquis de Chaumont veut être payé par moy des 56 l. que lon lui doit pour les charbonniers et ne veut sans prendre quà moy vous senté par la qu'il faudra malgre moi que je me retourne contre ma Comp^nie et vous êtes du nombre le s^r Daviet et Vidot qui ont eut vos clés cela a mis une mefience dans la ville entre vous et moi qui est touttes à sa place, le s^r Vernier votre procureur ma fait la grace de me dire que si vous lui avies donne ou envoye vos papier qui seroit party pour Lyon cependent a vos frais à fairies, mais qu'a l'entrée il ne le pouvoit faire ; la dessus je vous ai donnés avis de larivée des s^rs Mensort et Denervos qui on déja procedé a un invantaire en morienne en l'assistence du s^r Dupuis et le montant des fonds ou valeur de la Compagnie suivant leur conte ne monte qua 46 mil livres je crois avoir trouvé un Espédient qui est le dernier partir que vous avés aprendre est que vous me passiez une procure Generale pour toutte vos afaires tant de fabriques qu'autre et alors je me rendray a Lyon auprès de Mr Perichon en lui Espliquant patetiquem^t et sans temoins votre situations et labandont que vous faites de touttes vos pretentions en sa faveur fera que vous en pouriez tirer quelque choses pour vous remettre dans votre courant et vivre tranquilem^t dans l'endroit quil vous plaira de choisir ou dans un couvent si mieux l'aimé pour quelque tems et aportée de Chambery sans en Etre Eloigné et cela ramainera tous les cœurs droit en votre faveur, et laissé pour lavenir touttes sortes d'entreprises puis quelle ne sauroit tourné qua votre desavantage voila mon sentiment en honnette homme et que je vous prie de pardonné la liberté que je prend de vous les donnés mais par le vouem^t que j'ay et que j'auray toutte ma vie pour vous qui fait qu'aujourd'huy je vous ouvre mon cœur en entier cependent il faudroit que jut tout les papiers pour cela faire et tout seroit finit sans que personne le sut je vous diray qu'apres la rentrée il veule vous demander au senat les 3 mille et quelque livres que vous devés avoir recu du s^r Majan et qu'il a vendu a Mr Perrichon, j'oubliay de vous dire que j'ay donné avis a Mr Bérard de même qua vous ten du s^r Vidot de sa conduitte que de la demande de Mr de Chaumont sans avoir aucune responce puis que mes contes ne sont pas signés je vous prie de me les renvoyé par voye sure et comme mon conseil porte de demander a ma Compagnie les 5 l. que le contrat porte pour un assosiés en route pour les afaires de sa Compagnie outre les faux frais il me les payeront puisquil font ten de difficulter a me signé mes conte et moy a mon tour je demanderay une verifications des leurs quoy que je l'ais ay signé Erreur ne fait pas conte, je vous ay aussy marqué que Vidot n'avoit pas remplir tous les memoires que vous m'avés remis signé de votre main puis que je n'ay point eut devin ainsy il me reste 15 l. 10 du dernier argent quand il vous plaira de mecrire soit au s^r Vidot ou Morel pour me remettre vos papier de même qu'aux s^r Vernier La procure vous m'obligerer je vous ay marqué ce que m'avoit dit le s^r Vidot ainsy vous ne m'en parlé point que voulé vous que je pense ci cen' est que vous ne voulé pas que je retire cest argent par l'ordre que l'on a mis sur mes billets ainsy je vous prie Mad᷎ prouvé moy le contraire dans la situations presentes ou le besoins est tres violent chés moy n'ayant point d'autre resource vous le sçavé et point d'amploy jatent avec beaucoup d'impatience l'executions de vos promesses a mon Egard pour Etre employé au nom de Dieu ne mabandonné pas ny ma femme nom plus, qui prend la liberté de vous presenter ces profonds respect et fait chaque jours de même que moy des vœux au Ciel pour votre conservations et prosperitter. j'ay l'honneur d'Etre avec le plus profonds respect

    Madame

      Votre très-humble et très-obeissant serviteur

      De Courtilles

au nom de Dieu Madame ne nous laissé pas sy long tems sans nous donner de vos chere nouvelle et de létat de vos afaire

      Chambéry ce 8ᵉ 8ᵇʳᵉ 1754.

Madame de Warens continuait de résider à Evian lorsque Wintzenried lui écrivit, de nouveau, le 7 mars 1755, la lettre suivante, qui complète celle du 8 octobre précédent et initie l'histoire aux embarras, sans nombre, qui assaillaient, alors, la pauvre baronne :

Madame

Personne au monde ne prend plus de part à votre indispossitions que ma femme et moy Dieu vieulle vous redonner la senté et vous faire surmonté toutte vos penes et inquiettude. pour repondre a tous les articles de Votre Lettre quoy que vous ne mavez jamais L'honneur de me répondre au mienne que par détour et non a mes artilles primo — sy vous m'aviez fait l'honneur de me repondre en son tens sur L'articles quy me conserne par Mr Nuert Le C^e de St Laurent pour Lors cela auroit pu se faire apresent il ny faut plus pensé qua Noel prochain voila mad^e L'obligations que je vous ay, il ne faudroit plus donc qu'aussy manqué au

payem‍ᵗ du mandat de Mʳ De Choiry pour la
Sᵗ Jean pour me mêttre dans le plus grand
embarat du monde Dieu vieulle que vous
ne le fassiez pas et quil soyent payé, il y a
7 mois et plus que je vous ay Ecrit pour
L'artille de Mʳ De Chaumont vous n'avez
pas d'aigné jamais rien parlé ny a ces Mʳˢ
de Geneve cest artille me regarde et non
pas Mʳ Merkel ou fabre car vous L'aurié fait
pourquoy m'empeché de faire mes affaires
en me nonent d'un quelcun qui devoit
passé icy au commencement de fevrier
pour achetter ma portions dittes vous et
s'arranger avec moy. Aujourd'huy vous
me faittes une propossittions dont je ne
puis pensé que ce soit La votre idée de
vouloir motter jusques au seul moyen qui
peut me rester pour pouvoir me tirer d'affaire. Vous savez que j'ay besoin D'argent
et non de Chimère car il faut vivre Mesʳ de
Genêve peuvent avoir mis en fond environ

Liv.	4500	
Mʳ Perrin	1000	7157
Moi 1000 l. d'un cotté		
et 657 d'autre Fait	1657	

Hors la cinquième de 7157 l. seroit pour mon conte 1431 l. 8 Je serois en avance de plus de 200 l. par ainsy je ne crains point ces messieurs il sen faut de beaucoup car je vous prie de joindre ce petit billet a mon conte et de ne le leurs point faire signé mais de me le renvoyé tel autrement je seray obligé de protester contre tous d'allieur il y a bien des frais ou je n'entreray jamais c'est ce que je puis vous assuré tel est aussi le projet que je fait des charbons de tirer dans toutte nos fausse qui monte comme cy apres

a La Sarra............	2000	
Nova Laisse......	1000	
La Rochette soit Les Hulie.............	300	16300
à Montagny en Tarentaise..........	6000	
a Harache en Faussigny.............	7000	

et quand nous ne retirerions que dix sols le quintal de tous nos charbons les uns dans les autre nous retirerions au de la de notre deboursé ainsy Mad^e je ne puis accepter l'offre que vous me faittes sans un content car il faut que je vive vous le scavé tout comme moj quelle sont mes faculter je nay donc a cause de votre silence a me repondre aud articles de mes Lettres perdu pour cette année toutte ressource du cotté de la Cour ten pour subside qu'enploy et pour la vente de ma portions il me faut du Contant Je ne crain nj ne redoute ces Mrs de Geneve quoyque vous et eux maye promis les 600 l. de Merkel à son absence je vois a quoy je doit me tenir qui est a rien aussi je ne me donneray pas beaucoup de mouvemen pour la Comp^{ie} car je ne verray rien que lors que l'on verra par vois juridique l'employ de l'argent dans toutte les fausse pour savoir sy le travail est fait dans les regles et sy le travail en meritoit la penne Je vous diray que je n'ay pas put encore avoir les papier de M^r le procureur Morel il me dit que vous Luj devez beaucoup et qu'il veut être pajé vous voyé par la que je suis dans l'embaras outre cela la procedure qua intenté contre moy le

Sʳ Tela de Montagnole pour les billons de sapin est dehors et en intance J'ay eut deja trois ajournement personnel ché le juge L'on est apres Sandre auosy et ne scay pas trop comme tout cecy ira, Mʳ Mensord de La ferrendierre pour qui vous avez payé 500 l. à Mʳ De Carpinel a été icy il est a Grenoble sy vous souhaité m'envoye son billet avec la lettre et le mêttre a mon ordre je me charge devant qu'il soit peut que vous en serez payée voyé sy vous souhaité me L'envoye. Nous venons d'aprendre a present la mort de M. le Conte de Bellegarde a Paris du 26 dernier et celle du Chevalier Didier Dindatrie a Argentine le 4 courant ayant fait les pauvres de la Charité de Chambery ses heritiers il doit 20 Livres à M. Dunoiret qui est fort en pêne Dieu vieulle que vous finissiez avec Mʳ Perrichon et ne craignié jamais que je dise votre situations bien loin de la car j'ay prouvé a Charbonnel et a tous le monde que vous viendrié icy dans le courant de may et que vous feriez honneur a toutte chose Mʳ Thorin cest tout ce que vous faittes a Evian car cest luy qui madit que vous aviez asencé la maison de M. Lejeune et son jardin Je vous prie de me dire votre sentiment j'auroit envie décrire à M. Perrichon pour le prie de me proteger et de me faire avoir un employ en france de même qu'a M. Rousseau car il faut absolument pensé a faire quelque choses ou aller mendier nôtre pain ma femme et moy sy vous scaviez ma triste situations vous auriez pitier de moy, ma femme prend la liberté de vous offrir ces profond respect et se recommende a vos bontés pour que vous ne nous abandonnié pas. J'ay l'honneur d'Etre avec respect Madame

Votre tres humble et tres obeissant serviteur

DE COURTILLES

Chambéry ce 7ᵉ mars 1755

Ce document, conservé aux Archives de la Société florimontane d'Annecy, est, avec le précédent, d'une importance capitale. Communiqué à Replat, en 1855, par

Jules Vernaz, procureur du roi à Chambéry, son existence n'était connue, jusqu'à présent, que par une analyse succincte et la citation de huit lignes de la *Note sur Madame de Warens*.

Cependant Madame de Warens continuait de s'endetter, sans trêve ni cesse. Sur sa demande, M. de Lambert, baron d'Angeville, avait, en 1754 et en 1755, fourni, durant onze mois, la pension à un sieur François Fabre, maître fondeur en fer coulé.

Ce dernier avait donné, à ce sujet, le 21 mars 1755, au château d'Allonzier, une déclaration écrite à Aimé-Louis de Lambert d'Angeville, publiée par Jules Vuy dans son excellent opuscule intitulé : *Lettres inédites de Madame de Warens*. Voici le texte de ce billet, dont les parties déchirées de l'original sont entre parenthèses :

« Je soubsigné françois fabre, maître
« fondeur du fer coulé, certifie avoir de-

« meuré en pantion, l'espasce de onse
« moy, ches monsieur noble de Lambert
« baron Dangeville par ordre de madame
« la baronne de Warens de La tour. An
« foy de quoy, jay fait et signie Le présent
« certifica pour que La dit *(le dame b)*
« aronne de Warens peye ma pa *(ntion*
« *comme cl)* le a Convenu par ces letres à
« *(Monsieur noble)* de Lambert baron dan-
« geville. fait a *(u château d'Allonz)* ier.
« Ce 21 mars 1755. françois *(fab)* re. »

Néanmoins, les transactions allaient toujours leur train, dans l'entourage de Mme de Warens. En effet, Victor de Saint-Genis a publié, au 3e volume de son *Histoire de Savoie*, document N° LXXXIII, la pièce intéressante dont voici la teneur :

Je soussigné au nom du sieur Rodolphe Wintzenried de Courtilles mon gendre et de Madame la Baronne de Warens de qui j'ai un pouvoir verbal assence et admodie à Jean Claude Charles de la parroisse de St-Martin de Belleville ici present, le droit d'excaver lui seul dans tout le territoire du dit s^t Martin de Belleville et des Allues, tout !filon de charbon de pierres à l'exclusion de tous autres de la même manière que le privilège leur en a été accordé par patentes de S. M., à la charge qu'il payera tous les dommages qu'il causera par la dite excavation ; et c'est pour le temps et espace de trois ans, des ce jourd'hui commençant et par tel jour devoir finir sous la cense pour chaque année de dix livres monnaie de Savoye toutes les années payable a pareil jour que ce jourd'hui, a commençer d'ici en un an, sous la condition respectivement acceptée que venant a manquer regulièrement le payement de la dite cense, au moins huit jours après, le present sera censé revolu, si ainsi le juge le dit Sr de Courtilles, ce que l'un et l'autre avons respectivement promis observer a peine de tous depens, dommages et intérêts et à l'obligation le dit Charles de ses biens presents et futurs, et moi Bergonsy de ceux pour qui j'agis sous la clause de constitut en foi de quoi avons signés. à Moûtiers ce vintg six avril mil sept cent cinquante cinq.

signé : Bergonsy

Ancenay   J^{ues} Granier.

Pour copie conforme à l'original qui est sur papier timbré duquel le sieur Jay hippolyte dit Bolay de Villarrencel est possesseur.

Modeste Puget.

à Villarenger le 16 7bre 1861.

La baronne entretenait, pendant ce temps, ses relations à Thonon. Les Archives départementales de la Savoie possèdent, en effet, à la date du 3 mai 1755, une lettre adressée à Mme de Warens, à Evian, par un M. de Loes, qui lui explique les motifs qui l'ont empêché d'aller lui rendre ses devoirs plus tôt :

A Madame
Madame la baronne de Wuarens
A Evian.

Madame

J'ettois bien à la bonne foy d'exécuter ma

parole quand je promis que j'aurois l'honneur de vous aller voir peu de temps après cellui que j'avois eu de vous aller rendre mes obeissances à Evian, mais la multitude d'affaire que j'ay ne me laisse pas le maître de faire tout ce que je devrois et que je voudrois.

Ma femme at été fort incommodée sur la fin de sa grossesse ce qui a à ce que je crois contribué à acoucher plutôt que lon avoit conté d'un garçon qui par là ne paroit pas d'une bonne santé. La mère en at été fort malade et à présent le laict lui fait une cruelle guerre. Toutes ces circonstances me tiennent dans la gène et pour ainsi dire dans l'esclavage.

Si cependant j'avois cru de pouvoir trouver un cheval, je serois parti aujourdhui, pour vous aller rendre mes devoirs et répondre de vive voix à toutes vos bontés et confiance que vous me témoignés. Je suis obligé par disette de fourrage de tenir les miens dans ma campagne qui est à 2 lieus d'icy. Demain il viendra quelqu'un de mes gens à qui je donneray ordre de l'amener et si Dieu me conserve et qu'autre mal n'arrive à ma femme j'auray l'honneur de vous aller trouver ces premier jour sans faute.

En attendant permettés que j'aye l'honneur de me dire avec un profond respect,
Madame,
Votre très humble
et très-obeissant serviteur.

De Loes

Thonon 3 may 1755.

Le mari de Mme de Warens était mort quelques mois auparavant, à 66 ans, le 31 octobre 1754, et sa veuve pensait certainement, vers cette époque, à s'installer définitivement sur les bords du lac Léman, car, le 19 juin 1755, la baronne achetait, à Evian, une maison, dont elle devra résilier l'acquisition en 1757, faute de pouvoir en payer le prix. Elle intrigue, en même temps, pour ses affaires de mines, témoin le document suivant, conservé aux Archives départementales de la Haute-Savoie, au Registre copie des lettres de l'Intendance du Faucigny, années 1753 à 1756 ; cette pièce a déjà été publiée par Théophile Dufour, dans sa remarquable étude : *Jean-Jacques Rousseau et Madame de Warens ; notes sur leur séjour à Annecy d'après des pièces inédites.*

Du 2ᵈ Aoust 1755

A Madame la Baronne de Warens
de La Tour

Il est vray, Madame, que j'ay, et aurois toujours pour vous un respect infini, sur ce principe vous devés être plus que persuadée, Madame, que je n'échaperay pas une occasion à vous en convaincre, et de rendre à M^{rs} vos associés que j'estime beaucoup tous les services qui dépendront de moy, je n'ignore point non plus les avantages que nous procurera la Minière abondante de bons charbons que vous faites exploiter à Arache, et je pense que M^{rs} nos Ministres en sont informés ; mais souffrés, Madame, que je vous représente que sans un ordre de mes supérieurs. Je ne peus donner le sentiment que vous me demandés à cet égard, et qu'aux dits cas je ne manqueray pas de leurs faire envisager autant qu'il me sera possible et que l'intérêt du Roy et du public l'éxigeront touttes les raisons que vous me faites l'honneur de me suggérer dans votre dite lettre vous prévenant néantmoins, Madame, que sans un ordre de la Cour, je ne scaurois permettre le transport des dits charbons par des radeaux sur la rivière d'Arve.

J'ai l'honneur d'être avec un très profond respect, Mme, etc.

Vers la fin du même mois, Mme de Warens dut revenir à Chambéry ; en effet, le 22 août, la baronne passait une procuration par laquelle, étant obligée de s'absenter pour des affaires particulières et importantes, elle donnait pouvoir au sieur Claude Vidal, de Chambéry, de toucher, à partir de l'année 1756, les quartiers de la pension que le roi de Sardaigne lui allouait, — avec la stipulation de lui en réserver la moitié pour son entretien et d'appliquer l'autre à payer divers créanciers, qu'elle avait dans *ce* pays.

L'acte est passé, non à la fabrique du Reclus, mais dans la maison du sieur Antoine Thonin, au faubourg de Montmélian, à Chambéry. L'un des témoins, Pierre Michal, y est qualifié *secrétaire de ladite dame*. Voici la teneur de ce document, qui figure au 3ᵉ volume de 1755, folio 197, des registres du Tabellion de Chambéry :

PROCURATION SPÉCIALE
passée par la dame baronne de Warens au sieur Claude Vidal.

L'an mille sept cent cinquante cinq et le vingt deux du mois d'aoust à Chambéry à quatre heures après midy dans la maison d'habitation du sieur Antoine Thonin sittuée au faubourg de Montmélian pardevant moy nottaire roial soussigné, présents les témoins cy après nommés, s'est en personne établie et constituée, dame Françoise Eléonore fille de feu noble Jean Baptiste de La Tour baronne de Warens, natifve de Vevay canton de Berne en Suisse actuellement en cette ville ; laquelle étant obligé de s'absenter pour des affaires particulières et importantes, de gré a constitué pour son procureur spécial sieur Claude fils de sieur Philibert Vidal, natif bourgeois et habitant en cette ville, icy présent et ladite charge acceptant, et c'est pour et à son nom exiger et recevoir de la roiale thrésorerie de cette ville, les pensions faittes par Sa Majesté à la dame constituante, à devoir commencer au quartier de Pâques, de l'année prochaine mille sept cent cinquante six ; et ainsy à devoir continuer jusqu'à plein paiement des créanciers de la dame constituante comme sera expliqué cy après ; et des sommes que ledit sieur Vidal exigera, occasion des dites pensions, il en tiendra compte de la moitié à la dame constituante pour son aliment et entretient, et du surplus elle le charge d'en paier divers créanciers qu'elle a en ce païs, suivant l'état et mémoire qu'elle luy en a présentement remis, luy donnant pouvoir de traitter avec eux, et tirer quittances des sommes qu'il paiera à son acquittement pour du tout en rendre bon et fidel compte à la dame constituante, en un mot de traitter avec lesdits créanciers comme si elle agissoit en personne, bien entendu que si ledit sieur Vidal étoit obligé de faire quelques fraix à ce sujet, il commencera à se les retenir sur les sommes qu'il exigera desdites pensions ; approvant déjà par avance ladite dame constituante tout ce qui sera par luy fait, élisant à ces fins domicile en sa personne luy donnant pouvoir au besoin de constituer et substituer, aussy sous élection de domicile, promettant de relever le dit sieur Vidal son procureur de tout ce qu'il pourroit souffrir occasion de la présente procuration, avec peines de tous dépens domages intérest sous l'obligation de tous ses biens présents et avenirs, qu'elle se constitue tenir, obligeant de même ledit sieur Vidal tous ses biens présents et avenirs, avec la clause de constitut, pour la redition du compte de ses exactions, lequel il devra poser comm'est cy devant expliqué touttes les fois que ladite dame constituante le requerra. Laquelle pour faciliter ladite exaction a présentement remis audit sieur Vidal quattre blanc sains pour les quattre premiers quartiers. Fait et prononcé en présence du sieur Pierre Michal secrétaire de ladite dame et d'honorable Jean Baptiste Roux maître jardinier habitant en cette ville témoins requis. Les parties et témoins, sauf ledit Jean Baptiste Roux qui est illitéré de ce requis, ont signé à la minutte de moy notaire recevant requis sur laqu'elle le présent qui contient une page trois quarts d'autre, la présente expédition levée pour l'office du tabellion.

Signé Pétroz notaire

Cet acte est passé dans la maison du sieur Antoine Thonin, au faubourg de Montmélian, à Chambéry. J'ai retrouvé au Cadastre Général de Savoie, déposé aux Archives départementales de la Savoie, série C, n° 2466, — Commune de Chambéry, Tabelle générale (cadastre récapitulatif), — la cote cadastrale de Thonin, Benoît. La voici :

CADASTRE GÉNÉRAL DE SAVOIE

DÉPOSÉ AUX ARCHIVES DÉPARTEMENTALES

※

COMMUNE DE CHAMBÉRY

TABELLE GÉNÉRALE (CADASTRE RÉCAPITULATIF)

※

COTE CADASTRALE DE THONIN (BENOIT)

Numéros de la Mappe	Qualités des pièces avec les noms des propriétaires par ordre alphabétique. — Mas.	Degré de bonté	Mesures de Piémont			Mesures de Savoie		
			J.	T.	P.	J.	T.	P.
572	Indivis avec Yvrard (Barthélemy)	1	1			5	1	
573	Maison au faubourg Montmélian.	1		5		2	1	
575	Maison et Cour, audit lieu......	1	16	10		86	6	
604	Jardin audit lieu...............	1	21	8		111	6	

D'après les Registres originaux du Cadastre de Chambéry hors ville, Savoye I, 598, allant de 1729 à 1738, lesquels servent de légende à la Mappe originale n° 29 du plan cadastral de la ville et sont conservés aux Archives départementales de la Savoie, sous la rubrique : Cadastre général de Savoie, série C, n°s 2457, 2459 et 2466, Commune de Chambéry ; d'après le plan, d'autre part, fourni par les Mappes n°s 29 et 186, contenant la partie du territoire du faubourg de Montmélian, comprise entre les anciens remparts de la ville et l'église des Carmélites, il n'y avait pas d'autre Thonin propriétaire audit faubourg, et la cote cadastrale de Benoît donne exactement le pâté de maison où Mme de Warens vint loger, à son retour d'Evian, en août 1755. De ces maisons, celle qui avait le n° 573, laquelle était la plus exiguë, *donnait seule sur le faubourg de Montmélian.* La maison 572 était située dans la cour, ainsi que la maison 575 et la masure 603, cette dernière appartenant à un bourgeois de Chambéry, Jean-Louis Ludry. Toutes

Département de la Savoie

COMMUNE DE CHAMBÉRY (la Ville)

Extrait de la mappe originale (plan cadastral) en date du 14 Mai 1729 déposée aux Archives Départementales.

Dressé par nous soussigné, Géomètre Forestier chargé de la délivrance des extraits des mappes par arrêté de M. le Préfet du 26 Février 1888*

Chambéry le 25 Juin 1888

Passages communs : 316 + 316 ½ + 320 + 321 ½ + 343 + 568 + 581
Jardins : 341 + 346 + 394 + 561 + 570 + 597 + 598 + 601 + 602 + 604
Maisons : 302 + 303 + 304 + 306 + 307 + 309 + 310 + 311 + 312 + 313 + 314 + 316 + 317 + 318 + 319 + 321 + 322 + 324 + 325 + 327 + 328 + 329 + 330 + 331 + 332 + 333 + 335 + 337 + 338 + 339 + 340 + 344 + 347 + 349 + 350 + 351 + 353 + 354 + 355 + 356 + 391 + 392 + 556 + 557 + 558 + 559 + 560 + 563 + 564 + 565 + 566 + 567 + 571 + 572 + 573 + 574 + 575 + 576 + 577 + 578 + 579 + 580 + 582 + 583 + 584 + 585 + 586 + 587 + 588 + 590 + 591 + 592 + 593 + 595 + 596 + 599 + 599 ½ + 603 mauve 631 + 632 + 633 + 634
Place 305 + Placéage 323 + Placéage 334 + Cour 392 + 562 + 594 + Placéage 600
Passages et Cour 308 + 326 + 336 + 345 Cour et lieux communs 352 + 589 passage et placéage 589
Moulin 342 + Four 348

Théâtrum Sabaudiae, 1725, Chambéry.- fragment.

Échelle. Rapport de 1 à 2372

Nota : Les N.°ˢ non figurés sont illisibles à l'original

LES DERNIÈRES ANNÉES DE MADAME DE WARENS, voir pages 82 à 87

trois masquaient le jardin 604, bordé à gauche *par les jardins* 601 et 602, à droite *par les jardins* 570 et 569, *ce dernier livrant passage en plaine,* aux confins de l'Albane. De nos jours, la maison 573 forme encore l'aile gauche de l'immeuble portant le n° 16 de la rue d'Italie.

Dans un acte d'adjudication du 11 août 1734, Piquière notaire, Thonin est qualifié : aubergiste à l'enseigne de St-Jean-Baptiste, au faubourg Montmélian. Ne serions-nous pas, *enfin*, sur la trace du jardin du faubourg, dont il est question dans *les Confessions*. Rousseau dit, en effet, Partie I, au Livre V, qui comprend la période de 1732 à 1736 : « Nous occupions un cachot si étouffé, qu'on avoit besoin quelquefois d'aller prendre l'air sur la terre. Anet engagea maman à louer, dans un faubourg, un jardin pour y mettre des plantes. A ce jardin étoit jointe une guinguette assez jolie qu'on meubla suivant l'ordonnance : on y mit un lit. Nous allions souvent y dîner, et j'y couchois quelquefois. Insensiblement je m'engouai de cette petite retraite ; j'y mis quelques livres, beaucoup d'estampes ; je passois une partie de mon temps à l'orner et à y préparer à maman quelque surprise agréable lorsqu'elle s'y venoit promener. » Et plus loin : « Tandis qu'ainsi partagé entre le travail, le plaisir et l'instruction, je vivois dans le plus doux repos, l'Europe n'était pas si tranquille que moi. La France et l'empereur venoient de s'entre-déclarer la guerre *(octobre 1733)* ; le roi de Sardaigne étoit entré dans la querelle, et l'armée françoise filoit en Piémont pour entrer dans le Milanois. Il en passa une colonne par Chambéry, et entre autres le régiment de Champagne, dont étoit colonel M. le duc de La Trimouille, auquel je fus présenté, qui me promit beaucoup de choses, et qui sûrement n'a jamais repensé à moi. Notre petit jardin étoit précisément au haut du faubourg par lequel entroient les troupes, de sorte que je me rassasiois du plaisir d'aller les voir passer, et je me passionnois pour le succès de cette guerre comme s'il m'eût beaucoup intéressé. »

Or, au siècle passé, on appelait *le faubourg*, à Chambéry, le faubourg de Montmélian d'alors. Les troupes, qui se rendaient en Italie, y passaient forcément, et non par le faubourg de Maché, comme l'a dit, par erreur, un professeur du plus grand avenir, M. Plassard, dans un excellent discours : *La Savoie, terre française*. Le haut du faubourg, à considérer le cintre des allées anciennes qui subsistent encore, paraît avoir été la partie attenante à la porte de Montmélian. De plus, la mappe originale, donnant le plan cadastral de ce quartier, en date du 14 Mai 1729, — conservée encore de nos jours aux Archives départementales de la Savoie, — offre au lecteur une particularité bien curieuse. La partie du faubourg, formant le côté nord de la rue, n'avait aucun jardin, hormis les n°s 341 et 346, qui bordaient le versant absolument opposé du faubourg, au nord. Par contre, la partie, formant le côté sud de la rue, comprenait les jardins 394, 561, 570, 597, 598, 601, 602, 604, et, au centre de ces jardins, se trouvait l'immeuble 603, qualifié de masure dans les Registres originaux du Cadastre de la Ville de Chambéry : 1729-1738. Cette masure donnait dans la cour de la maison 575, qui appartenait aussi aux Thonin. Or, sans aucune preuve absolue, mais assurément avec toute la certitude que peuvent donner les déductions de la critique la plus prudente, c'est dans cette agglomération de jardins qu'il faut chercher *le petit jardin et la guinguette où Rousseau et Mme de Warens vécurent leur roman d'amour*. Ce fut au faubourg de Montmélian, et nullement aux Charmettes, que Rousseau fut heureux. La proximité de l'auberge *A Saint-Jean-Baptiste* explique la possibilité de l'isolement imposé à Rousseau qui, pour ses repas, n'eut pas besoin, pendant la fameuse huitaine de préparation, de rentrer au logis de ville de la dame. Le va-et-vient d'une auberge et de ses alentours devait, du reste, donner pleine sécurité aux deux amants, dont les entrevues, ainsi, pouvaient passer inaperçues, ou, tout le moins, rester à l'abri des commentaires immédiats.

De nos jours, l'ensemble du quartier, à peu de changements près, est resté comme il fut détaillé sur la Mappe originale, série C, n° 2457, laquelle a été admirablement traduite, surtout comme physionomie au xviiie siècle, dans la vue de Chambéry qui nous a été conservée au *Theatrum Sabaudiæ* de l'ingénieur *Bergonio*, dont l'édition française fut publiée en 1725, c'est-à-dire peu avant que Rousseau ne vécut son idylle dans les bras de Mme de Warens.

Mais revenons à l'année 1755.

Dès les premiers jours de septembre, Mme de Warens était à Genève, témoin la minute d'une lettre, avec deux suppléments séparés, portant tous deux, comme la lettre, la date du 4 septembre. Dans cette missive, qui fait partie des titres déposés aux Archives départementales de la Savoie, la baronne s'adresse à un personnage influent, dont le nom n'est pas indiqué, mais qui paraît habiter Chambéry. Elle expose au destinataire, qu'elle appelle son cher et bon ami, le mauvais état de ses affaires, et, se plaignant de la lenteur des administrations centrales, auxquelles elle avait dû recourir, ainsi que du découragement de ses associés, elle prie son correspondant de solliciter, en sa faveur, la bienveillance du roi de Sardaigne et la continuation des privilèges, qui lui avaient été antérieurement concédés. La baronne déclare qu'elle est totalement ruinée, parce que ses coûteuses entreprises, qui promettent de grands profits, n'en ont pas encore donné.

A geneve ce 4ᵉ 7bre 1755

Monsieur

Je vous Rend Monsieur mes justes, et sinseire actions de graces des soins que vous prenez de mes interets, Les office genereux que vous mavez Rendu Lhiver dernier, pour faire présenter mon placets a sa Majeste aux sujets de notre demande de la rivière d'Arve, pour faire transporter jusques à Genève nos charbons d'Arache auroit eu le plus heureux efet cy, sans interruptions j'avoit étées cegondées de vos soins généreux et d'amy sinseire tel que vous l'ettes, mes l'espérence que Mʳ Porta avoit donez à Messieurs mes associé de sufire à tout et d'optenir par le crédit qu'il at ché M Poncet secrétaire de son Excellence de Saint Laurent tout ce qu'il pouvoit être nessesaire à l'otroit de nos demande j'ay été forcée malgrés moy à rester den l'inactions et à lesset en suspent depuis plusieur moy la suitte de mes opérations quy comme vous le savez m'ont coutés tent de peines à établir. Enfin mes associé lassé par les continuels renvois de Monsieur Porta, Leurs ayent communiquer l'honeur de votre dernière en datte du 11 aout 1755 il ont étés sensiblement touché de voir les peine que vous avez déjà pris à notre aucasions et il joigne leurs prières aux mienes par la plume de Mʳ Allexendre Bérard, pour vous demender vos bons office sens perte d'un instant. Votre esprit et votre diligence et bonne conduitte dens les affaire nous est conues Ayes donc la bontés de vous déterminer à partir pour Turin pour informer en notre faveur M^rs de La Chambre des Comtes voir ce qu'il y at encore à faire dans l'état présent, savoir ce que notre placets et devenus dont je joint copie dans la letres de M^r le président Bens avec le verbal du chatelin et sindique du lieux d'Arache. Comme le tout et à cachet volent vous êtes prié dens fère lecture et copie s'il est nessésaire pour pouvoir conférer avec les diférens seigneurs de cette Chambre et autres protecteurs et trouver le moiens de nous les rendre favorable Enfin c'est le moment de faire usage du canal des grace pour une plus pronte expédition afins que nous ne passions pas, apres gens que vous conoissés à Chambéry et à Genève quy ce sont lié ensemble pour demender à la Cour l'exploitation des boiz de Foussigny et de les pouvoir conduire à Genève par la rivière d'Arve. La chose est la veillie de leur être accordée Tout ce que nous deziront c'est d'être les premiers décrètés en conséquance des peines et retards que nous soufronds depuis longtens et de l'importence de nos traveaux. Je laisse le soins à Mr Allexandre de s'expliquer plus emplement et sur la reconoissance que nous devront à vos soins et à vos bontés pour nous et sur ce que vous pourez juger convenir aux canal des graces ou autre gens hutile a nos intérêts dens cette affaire que je vous prie aux nom de Dieu de ne plus perdre de vue. Vous savez, Monsieur et cher et bon amy à quel point je vous suis atachée, et content avec les sentiment que vous me conoissé, sur le même retour de votre part je vous prie d'etre aucy persuadé de la seinsérité de la reconoissance que je conserveray toute ma vie pour vous ; que des sentiment distingués et la très parfaitte considération avec laquelle j'ay l'honeur d'être

Genève ce 4 7bre 1755

Cy vous ales à Turin comme j'ose m'en flater à la prière de Mr Bérard conoissant votre bon cœur pour moy souvenez vous que c'est le moment de parler aux Roy pour me conserver les droits quy conserne le travails du fert en Savoye, c'est votre profit tout comme le miens de prendre nos suretés et faire considérer que le fert étant purement matière mercantiles et comersable que pour vue que je soit assurée de la protection du Roy dens mes traveaux que j'espeire faire entrer sinq cent mille livres en Savoye de l'argent de l'étranger pour le soutient de nos traveaux sur le fert.

Il faud demender que le privillège de ma fabrique en moulage me soit continué personelement puisque mes assosié on détruit mes ouvrage auxlieu de les soutenir, et que les mine de fert que j'ay découvert en diférends endroit de Savoye soit de préférence à moy qui les ay découvertes ; ce qui est juste

Je vous previens sur tout cela à pressent, mon cher et bon amy parceque je ne puis éviter de dire dens mon avis au public que tous mes traveaux son sou la protection du Roy et qu'il a eu la bonté de me confirmer personellement mon privillège de poterie et toute sorte de moulage en fert coulés et que le Roy vairat avec plaisir que dens nos grands fourneaux et forge il cy fassonera des fert de tous calibres, ce quy n'avoit pas étés pratiqué jusques à présent en Savoye malgrés la bontés naturelles de ces fert et cela par le manque d'uzage et de conoissance des ouvriers du païs, auxquels nous donerons les lumières nessésaire pour aquérir en peu de temps la bonne main d'heuvre des païs étranger, et que par l'apliquation qu'on y aporteras on et assurez d'êtres soutenus dans tous les traveaux que nous établirons, de la protections de S. M., ce qui seras un grand encouragement pour tous ceux quy prendront un intérest dans mes billiets.

Genève ce 4 7bre 1755

Vous aurez encore la bonté de vous resouvenir, Mon cher Monsieur qu'il faud faire observer à M^r le Président Bens et à ces Messieurs de la Chambre des comtes que j'ay étably des traveaux dans chaque province, sur les charbons de pierre ou de terre, dont j'orois envoyer des verbeaux par les chatelin et syndic des lieux ; mes me trouvent totalement ruinées par la dépences et longueurs de tens de mes traveaux dont nous n'avont pas encore put tirer un denier par les traverses qu'on nous at sucité mal à propos, je me suis bornée par nessésités de n'envoyer pour le présent de n'envoyer que le verbal consernant Arache dont il est questions de la demende portée dens mon placet, sur laquelle demende du placest vous ette prié de faire observer à ces Messieurs de la Chambre des conte les avantage qu'il en résulte pour la province sans craindre auxcun évènement douteux à cest égard car le peu de boiz dont nous nous serviront pour faire nos radeaux pourisse sur plante par leur situations sens pouvoir jamés devenir daucune hutilité à laditte province, aux lieux que l'argend content que nous y feront entrer par la vante de nos charbons assure un revenus solide et ennuels à la Savoye. »

Quelque temps après, Wintzenried passe un acte par lequel il vend, aux sieurs Simon et Pierre Bérard de Genève, le droit qui lui appartenait en vertu des privilèges obtenus, conjointement avec Mme de Warens, le 30 octobre 1752. L'acte est passé à Chambéry, *dans l'hotel de la dame baronne de Vuarens*, c'est-à-dire, probablement, dans la maison de Thonin, l'aubergiste *A Saint-Jean-Baptiste*. Le document figure, en ces termes, au premier volume de 1756, folio 99, des registres du Tabellion de Chambéry :

VENTE
pour le sieur Simond Bérara
passée par le sieur Raudaulphe de Courtille
de L. 1,000

L'an mille sept cent cinquante cinq et le onze du mois de décembre à Chambéry avant midy dans l'hotel de la dame baronne de Vuarens pardevant moy notaire royal soussigné et présents les témoins enfin nommés s'est personnellement étably et constitué le sieur Jean Raudaulphe à feu Samuel de Courtilles natif du pays de Vaux habitant de la présente ville lequel de gré pour luy et les siens vend purement et simplement de la meilleure manière que faire se peut de droit au sieur Simond fils de sieur Pierre Bérard natif et habitant de la ville de Genève agissant au nom du sieur Pierre Bérard et fils Icy présent et acceptant scavoir tout le droit appartenant au sieur vendeur en vertu des privilèges par luy obtenus conjointement avec dame Françoise Louise Eléonore de Vuarens de latour pour la recherche et excavation des minières de charbon de pierre et de terre soit houllie rière toutes les provinces de Savoye lesdits privilèges accordés par Sa Majesté le Roy de Sardaigne, sous la date du trente octobre mille sept cent cinquante deux ceddant ledit vendeur tout le droit qu'il a et peut avoir dans la Compagnie contractée ocasion et en exécution desdits privilèges en quoi que le tout consiste tant en argent debourcé par le sieur vendeur pour le fond de ladite société qu'en marchandises qui peuvent être en fond le tout néantmoins relativement aux comptes de ladite société qui ont étés présentés par le sieur vendeur et signés par ledit sieur Bérard de manière que le sieur vendeur vend généralement tous droits et fonds à luy appartenants dans ladite compagnie sans s'y rien réserver ny retenir avec promesse de remettre au sieur Bérard les originaux des privillèges accordés par Sa Majesté qui ont étés cy dessus désignés dans le terme du paiement du prix de la présente qui serat cy après fixé, de même que tous les contrats titres et littérés dont il est saisi concernant ladite compagnie laquelle vente est faitte pour et moienant le prix et somme de mille livres que ledit sieur Bérard promet paier au sieur vendeur dans quattre mois dez cette datte pendant les quels ledit sieur Bérard pourrat traiter et disposer des susdits droits ainsy et comm'il verrat à faire avec conventions néantmoins qu'il sera facultatif audit sieur Bérard de prévaloir ou nom de la présente vente à la fin du susdit terme de façon que voulant s'en prévaloir il sera tenu de paier la susdite somme et ne la payant pas la vente cy dessus resterat sans effet et le présent comme non advenu ledit sieur Courtilles rentrant audit cas sans autre qu'en vertu du présent et sans figure de procès dans touts les droits par luy cy dessus vendu Et tout ce que dessus les parties ont promis observer chacune en ce qui la concerne aux peines respectives de tous dépends dômages et intérests et à l'obligation et constitution de tous leurs biens présents et avenirs. Fait et prononcé audit lieu en présence de spectable Gaspard Bonety et du sieur Claude Vidal tous deux habittants de cette ville témoins requis qui ont signés au bas de ma minutte avec lesdites parties et moy notaire soussigné ay reçu écrit et prononcé la présente contenant sur ladite minutte deux pages et demy, j'ai icelle expédié pour l'office du tabellion après due collation faitte quoique par autre soit écrit.

Signé Davict, notaire. »

Par cet acte, Wintzenried cédait aux Bérard tous les droits qu'il pouvait avoir dans la compagnie formée le 1er août 1752. Or, le même jour, Simon Bérard passait à Mme de Warens, de retour à Chambéry, une procuration en règle pour vendre la part de droits, dans la Compagnie des houillères du duché de Savoie, que ledit Bérard venait d'acquérir de Wintzenried. L'acte est passé, comme le précédent, *dans l'hôtel de la dame baronne de Vuarens ;* voici sa teneur, extraite des registres du Tabellion de Chambéry, 1er volume de 1756, folio 99.

PROCURATION

pour dame Françoise-Eléonore de La Tour baronne de Vuarens, à elle passé par le sieur Simond Bérard — L. 1,000.

L'an mille sept cent cinquante cinq et le onze du mois de décembre à Chambéry après midy dans l'hôtel de la dame baronne de Vuarens pardevant moy notaire roial soussigné et présents les témoins en fin nommés s'est personnellement établi et constitué le sieur Simond fils de sieur Pierre Bérard natif citoyen et habittant de la ville de Genève agissant au nom des sieurs Pierre Bérard et fils lequel de gré pour luy ses associés et les leurs a fait et constitué pour procuratrice spéciale et générale l'une des qualités ne dérogeant à l'autre n'y au contraire sçavoir dame Françoise Eléonore fille de feu noble Jean Baptiste de Latour native de Vevey canton de Berne en Suisse Et c'est pour et au nom dudit sieur constituant vendre alliéner céder et négotier ainsy et comme bon luy semblerat la portion que ledit sieur constituant at acquis ce jourdhuy du sieur Jean Raudaulphe de Courtilles par contrat reçu par moy notaire soussigné occasion des privilèges accordés par Sa Majesté tant à la dite dame baronne de Vuarens qui est icy présente et la susdite charge acceptante qu'audit sieur de Courtilles pour l'excavation des minières de charbon de pierre et de terre et de la compagnie de société qui a été formée en conséquence de la manière que le tout est expliqué dans ledit contrat d'acquis qui a été fait pour mille livres et auquel contrat la présente est relative pour que ladite dame puisse vendre et aliéner la susdite portion vendue pour le prix sous les clauses et de la manière que bon luy semblerat luy donnant à ces fins pouvoir de passer tous contrats tant de vente cession qu'autres qui pourront être nécessaires pour ce regard lesquels le sieur constituant avoüe approuve et ratifie dès à présent comme pour lors à la charge que ladite dame rendrat bon compte de son administration à quel effet il sera remis à ladite dame une expédition du sus désigné contrat d'acquis reçu par moy dit notaire et tout ce que dessus les parties ont promis observer chacun en ce qui le concerne aux peines respectives de tous dépends domages intérests et à l'obligation et constitution de tous leurs biens présents et avenirs fait et prononcé audit lieu en présence de spectable Gaspard Bonety et du sieur Dominique Sulpis tous deux habitants de la présente ville témoins requis qui ont signés au bas de ma minutte avec lesdites parties et moy dit notaire soussigné qui ay reçu écrit et prononcé la présente contenant sur ma ditte minutte deux pages compris mon verbal J'ay icelle expédié pour l'ofice du tabellion après due collation faitte quoique par autre soit écrit.

Signé Daviet, notaire.

Vers la même époque, Jean-Jacques renonça complètement à l'espoir, qu'il avait encore nourri jusqu'alors, de vivre avec Mme de Warens. A l'année 1756, — seconde Partie, Livre IX des *Confessions*, — le célèbre écrivain dit : « J'ai toujours regardé le jour qui m'unit à ma Thérèse comme celui qui fixa mon être moral. J'avais besoin d'un attachement, *puisque enfin celui qui devoit me suffire avoit été si cruellement rompu*. La soif du bonheur ne s'éteint point dans le cœur de l'homme. Maman vieillissoit *et s'avilissoit ! il m'étoit prouvé qu'elle ne pouvoit plus être heureuse ici-bas*. Restoit à chercher un bonheur qui me fût propre, *ayant perdu tout espoir de jamais partager le sien.* » Rousseau avait été recueilli par Mme de Warens en 1728 ; en 1756, seulement, il fit la connaissance de Thérèse. Le pauvre Jean-Jacques resta donc, près de 27 ans, fidèle à l'affection qu'il avait eue pour sa maman, avant d'admettre une autre femme à son foyer. Ames sensibles, qui avez tant chargé la mémoire de Rousseau, rengaînez votre vertueuse indignation ; elle n'est plus de mise.

La barque de Mme de Warens allait sombrer ; sa misère s'accentuait. Dans son excellent opuscule, *Lettres inédites de Madame de Warens,* Jules Vuy a donné, pour la première fois, le texte d'une lettre extrêmement curieuse, que la baronne adressait, aux premiers jours de 1756, à M. de Lambert d'Angeville, au sujet de François Fabre. La pauvre femme s'humilie ; elle déclare que ce qui doit lui être le plus sensible, aujourd'hui, *c'est le pain quotidien :*

Ce 12e de 1756 chambéry

Monsieur

Jay bien lieu mon cher Baron de Reconoitre de plus en plus vôtre bon cœur, a mon égards ; par la manière cordialle dont vous vous Exprimé sur ce qui me Regarde, continué je vous prie dens Les aucasion et ne craigné jamais que mon amour, propre, savise de ce jendarmer, il lias longtens que je luy imposé silence, la mauvaise fortune quy me persecute depuis cy longtens mauroit guéry radicalement de cette maladie, cy je lavoit Eu autre foy ; soié trenquille sur mon comte a ce sujet, je vous prie, ce quy doit maitre le plus sensible aux jour duy cest Le pain cotidiens, et La trenquillités je travallies sens, Relache pour me mètre En etat de jouir de Lun et de lautre ; cy la bontes divine veut benir mon travail jespaire dy parvenir, afin que par ce moiens, je puisse mocuper uniquement, de La seulle chose nessesaire quy et de travallier aux salut de mon ame, je me Recommende a ce sujets a vos bonne prieres ; vous me faitte un vray plaisir de maprendre que vous devez venir icy dens quelque tens ; vous chosirez vous meme

Le Ledras quy vous conviendras Le mieux
et ferez faire Labits en meme temps, cest
par cette Raison que je ne vous Envoie pas
des Echantilion par cest hordinaire, ce pendant cy vous Les juge a propos, vous Les
aurez sur votre premier avis, pour ce quy
conserne M^r fabre que je vous prie de vouloir saluer, de ma part ajez la bontés mon
cher Baron, de vouloir luy faire comprendre quil est tres ynutile quil ce présente a
la tresorerie pour son argends puisque ce
net que sur Le Cartier de paque, que je
Lay assignes ce quy ceras paié aux cou-
rands cest adire ver la fin davrils prochain,
dabort apres Les fétes de paque ; je conte
Le faire venir icy ; il tireras son argends ;
et jespaire qu'il feras d'une pierre deux
coup cestadire quands meme tens il ce
trouveras, une place pour Loccuper dune
maniere que je crois quy luy seras convenable ; cy M^r fabre sopstine avenir avant
ce tens la cela porte un grands prejudice
a mes affaires dont Le detail cerois trop
long dens une Lètre, joray lhoneur de
vous expliquer toutes ces chose a premiere

vue, je vous prie Engrace de vouloir le garder chèvous jusques a ce tens La, apres quoy des que je vous auray Explique mes affaires ; je prendray tous les arrengements Les plus convenable et par preference, je suivray ceux que vous aurez La bontes de me conseillier ; je me recommende a la continuation de votre amictu et de vos sage conseils, et jay lhoneur de vous assurer que je suis pour La vie avec tous Les sentiments que vous merites, et La plus Respectueuse considérations Monsieur et cher Baron

    votre tres humble et tres obeissente
                  servante
La Barone De Warens De La Tour.

Le contre-coup de sa pénurie d'argent se faisait sentir, même en haut lieu. Les Archives départementales de la Savoie possèdent, en effet, — Série C, N° 209, — une lettre du comte de Grégory, ministre des finances, au comte Ferraris, intendant général de Savoie, traitant successivement de plusieurs affaires et finissant ainsi :

Mme la baronne de Warens ayant fait une assignation en faveur du sieur Simond Dumercier actuellement en cette ville, sur la pension que sa Majesté luy a accordée, avant que de faire payer icy l'assignation susdite, je souhaiterois scavoir si sur la pension susmentionnée il y eut ou non des sequestres à cette trésorerie, contre ladite Mme la baronne, et j'ay l'honneur d'être avec respectueuse considération,

  Monsieur

Turin, le 17 mars 1756

P. S. Je vous prie aussi de m'informer jusques à quel temps ladite Mme la baronne a été payée

  Le très-humble et très obéissant
    serviteur.
  Signé de Grégory.

Les précautions n'étaient pas inutiles, à l'égard de la baronne, et l'administration, quoique bienveillante, était fort prudente avec elle. Pour s'en convaincre il suffira de lire la lettre suivante, dont l'original est la propriété de M. Jean Faga, à Chambéry. Ce document inédit est le commentaire écœurant de la procuration que la baronne passa à Claude Vidal, le 22 août 1755; la lettre porte, au dos, une suscription de classement : Du 3 Avril 1756

Mme La Baronne de la Tour

Voici la teneur de cette pièce autographe, signée, très probablement adressée à l'Intendant général de Chambéry, qui avait eu souvent à s'occuper des affaires pécuniaires ou commerciales de Mme de Warens. En Savoie, le titre d'Excellence n'était donné, officiellement, qu'au Gouverneur général du duché, mais les solliciteurs le prodiguaient volontiers. L'Intendant général était, en 1756, le comte Ferraris de La Tour d'Isola, en Savoie depuis 1749 ; M. Goybet, à cette époque, était intendant de la province de Chablais.

Monsieur

je doit Rendre à votre Excellence d'eternelles actions de grace de Lacharites quelle vient dexercer a mon Egards, en

par un malheur pour moy
Mr Sibilé se trouvant a
present besoin de cette
somme il avoit oublié les
promesse quil m'avoit
fait a cet égard verbalement
par ce que m'ayant fait
remettres entre ses mains
mes quatre blanc seins de
cette années, a cause de mes
creanciers quils setoit En
gajer de payer, il pretendoit
faire voir que je seroit
au double Emploi de ma
pention, quoy quil savoit
bien en consience mes intention
a cet égard, ma consolation
aujourd'huy, cest de pouvoir
dire avec veritées a vôtre
Excellence que je n'ay jamais
fait tort a personne ny sere
profitée du bien d'autruit

je laisse a Dieu et au tems, de
faire connoitre les veritées de
toutes chose,
il me Reste apres avoir remersie
vostre Excellence de ces bontés,
de luy demender encore
une Grace des que je pourray
avoir des forces de sortir
de ma chambre, jose luy
demender un l'ardheure
de ces moment precieux pour
que je puisse en particullier,
luy doner des eclaircissemens
sur des chose quy sont de
consequance et quy Regard
L'avantage de Letat
je me Recomende pour les prosperites
de vôtre Excellence et j'ay l'h. (honneur)
d'etre avec le plus profond Respect,
Monsieur
De vôtre Excellence
a chambery La tres humble et tres
ce 5 d'avril obeissante servante
1756 La Baronne Desserons de Ballons

faisant doner mon cartier, de paque, suivant Larètés de comte que javoit fait a Evian, avec le s^r fabre Entre les main de Mr Lintandant Goibet ; et suivant que je lavoit déclaré a M^r vidal, en passant mes convantions avec Luy ; et par un malheur pour moy M^r vidal ce trouvant avoir aprésent besoin de cette somme ; il avoit oblié les promesse quil mavoit fait a cest Egards verbalement ; parceque majant fait remettres Entre ses main ; mes quatre blancsein de cette annees, a cause de mes creanciers quils setoit En gajer de paier ; il pretendoit faire voir que je feroit un double Emplois de ma pentions ; quoy quil savoit bien en consience mes intantion a cest Egards ; ma consolation auxjourduy ; cest de pouvoir dire avec verites a votre Excellence ; que je nay james fait tort à persone, ny seu profiter du bien dautruit je laisse a Dieu et aux tens, de faire conoitre la verites de toutes choses

il me Reste apres avoir remersie votre Excellence de ces bontes ; de Luy demender Encore une Grace, des que je pouray avoir Les force de sortir de ma chambre, jose Luy demender un cardheure de ces moment presieux ; pour que je puisse en particullier; Luy doner des Eclairsissement sur des chose quy sont de conséquance, et quy Regarde Lavantage de Létat :

je prie dieu pour les prosperites de votre Excellence, et jay lhoneur detre avec Leplus profonds Respect ;

   Monsieur
    De votre Excellence
   La tres humble et tres obeissente
      servante
   La Barone De Warens De La Tour.

a Chambéry
ce 3ᵉ avril
1756

Après ceux de Chambéry et du Chablais, un troisième intendant eut à s'occuper encore, à la même époque, des affaires de la baronne, témoin la lettre suivante, extraite du Registre copie des lettres de l'Intendance du Faucigny, années

1753 à 1756, conservé aux Archives départementales de la Haute-Savoie :

Du 5 Avril 1756

A Madame la Baronne de Vuarens

Madame

J'ai l'honneur, Madame, de vous assûrer que je seray toujours très attentif en toute occasion pour vos intérêts, et de M^{rs} vos associés, et particulièrement pour ce qui regarde les minières de charbons dont l'entreprise ne peut être que très avantageuse au public.

Agréez je vous prie les nouvelles assurances du très parfait respect avec lequel J'ay l'honneur d'être etc.

Cependant le baron d'Angeville pressait aigrement la rentrée de sa créance ; Mme de Warens, à la date du 10 avril, lui écrit une lettre dont l'humilité fait peine. Ce document a déjà été publié par Jules Vuy, dans son excellent opuscule intitulé :

Lettres inédites de Madame de Warens. La baronne s'exprime ainsi :

Monsieur

Soié persuadé mon cher Baron que tout ce quy me vien de vôtre part, me fait plaisir, et me consolle; quand même ce serois des Reproche continuel, que je nay surement pas merites, il met aisé de sentir dou parte, Les mauvay office, que Lon me rends chaque jour pres de vous; en Recompense de mes bienfaits; je garde Le silence sur le tout et Laisse a Dieu La vangence ne voulent me plaindre de personne; soié bien persuade mon cher Baron que je nay point dautre desir que celuy de me retirer de tous les Embaras du monde; dont jay et prouves les cruelles amertume par La mauvaise foy de ceux avec quy jay Eu affaire, ce qui me doit bien Engager a finir toutes affaires s'il est possible avec de telle gens, incy vous ne devez pas douter que cy on veut me Realliser Les dix mille Livre que je ne les acsepte bien vittes, et soié bien aucy persuadé, que Le premier argends ; dont je pourray, disposer, seras pour paier Les dix moy de pensions, du S^r fabre, comme il a bien Reseu en trésorerie Les 315 L. que je luy avoit promis pour fins de tous comtes entre luy et moy, il peut dezormais aler ou bon Luy sembleras, ce net plus à moy pour Lavenir, a me meller de ces affaire encore moins de chercher ny a Les savoir, ny a les aprofondir, qui bien feras bien trouvera Jay pris le party de ne mocuper qua prier Dieu, pour Le Salut de mon ame et pour La conservations et prospérités de ceux quy auront. Eu l'ame asse genereuse pour vouloir me Rendre quelque service, comme vous Ette du nombre mon cher Baron, je vous prie de vouloir acsepter les priere sinseire que jadresse aux ciels tous Les jour, pour que dieu vous acorde Longue vies avec toutes les prosperités que vous merites, et que je vous souhaitte de cy bon cœur, soié je vous prie aucy persuadé de La sinserites de ma Reconoissance que de celle du parfet et tres Respectueux atachement, avec Lequel joray l'honeur detre toute ma vie

  Monsieur Votre tres humble
a Chambéry ce et tres obeissentes servante
10ᵉ Avril 1756. La Barone De Warens
         De La Tour.

Au dos : « Vous aurez la bontes mon cher Baron de menvoier Le Billiet tout fait tel que vous Le souhaites, et je le signeray et vous le renvoieray tout de suitte ou je le remetray icy Entre les main de Mʳ votre Procureur, quy pouras vous En acuser la Resption, il est juste que je vous done vos suretez puis que vous avez bien voulu Exercer Les heuvres de charites, a ma prieres ; dont je vous conserveray une Eternelle Reconnoissance »

A la suite se trouvent ces mots d'une autre écriture : Lettre de Madᵉ De Warens où elle parle de payer la pension de fabre et de passer un billiet à Mʳ le Baron dangeville. —

Une autre lettre complète les renseignements qui découlent de la précédente ;

elle a été adjugée pour 200 fr. à Etienne Charavay, dans la vente d'une précieuse collection de lettres autographes, laquelle eut lieu, les 15 et 16 mars 1887, à la salle Drouot, à Paris;le célèbre archiviste-paléographe a bien voulu m'en envoyer copie :

Monsieur et cher Baron

Je vous sauray toute ma vie un gres infiny, du service, quil vous a plus, de me rendre, en acordent jénéreusement vostres tbale au s^r fabre, a ma prières, soié persuadé cher Baron que mes intention son droite, et que je nay rien tent a cœur que de vous paier les deux cent ct quinze livres que je vous doit a ce sujets, quoy que mon zelle a conserver dens ce pais, Lindustrie des fonderies de fert coules ; que jy avoit fet Entrer avec tent de peines; me coute aujourduy ma ruine, et me cause de plus aujourduit les chagrain les plus sensible ; je ne puis me resoudre de me Repentir, davoir fait du bien a Létat ; et quoy que je soit traitees injustement a ce sujets jofre a Dieu ma peines, et sest de sa bontes divine, que jatent ma Recompence ; et nom des créature ; et je pence que tout ce que vous meditte et vray lors que vous mavertissé, que je doit matendre, a toutes les disgrasse, que La malice et Lingratitude des humain ; peut nous faire Eprouver damertume par toutes celle que Lon ma fait resentir jusques, a present je ; doit pencer a quoy jay lieu de matendre pour la venir ; jay lhoneur de vous joindre icy, mon billiet a hordre pour les courants de Lannees prochaine pour Laquitements des deux cent et quinze livres que jay promis paier pour la pentions, du s^r fabres. je suis persuadees que lorsque vous serez icy pour vos prosses que M^r vidal ne vous refuseras pas mon papié en paiement des marchandize que vous pouries prendre che Luy. comme il est chargé de Retirer cette ennees et la prochaine les deniers : de ma pentions, et ce paieras par ses mains ; les pot pouris que M^r fabres ma fait par icy, lorsquil y et venus son cause quil ma falus prometres a Mr Vidals ; de ne doner aucun mendat a persone qua Luy sur la Trézorerie pour cette années et la prochaine ; aux moiens de quoy il continués a paier icy, mes dettes pendent ce tems la ; je vous prie, monsieur Baron de ne point parler a persone de ce que jay lhoneur de vous confier quands vous serez icy je pouray vous ouvrir entierement mon cœur ce que je ne puis quan foible parties sur le papier, au Reste soié bien assurez et de ma parfaitte Reconnoissance a vos bontes, et de lenvie que je conserve a trouver des aucasions a vous en doner des preuve ; pour vous convincre, de mon parfait devouement, et de latrès Respectueuse et parfaitte considerations avec laquelle je seray toute ma vie.

 Monsieur et cher Baron
   Votre très humble et très obeissante servante

  La Baronne De Warens de la Tour

ce 16ᵉ may
 1756
Chambery

Vous aurez la bonté de me doner avis de la Reseptions de mon billiets

Adresse :

Monsieur
Monsieur De Lembert Baron Dengevillé
à La Caillies près Dannecy

A La Caillie

A cet autographe était jointe, selon le Catalogue de la vente précité, la lettre suivante du sieur Fabre, concernant le même sujet :

Monsieur,

Je suis persuadé que par L'amittié que vous mavait toujour témoinié durant le tan que jay demeure chez vous. vous devait etre impacian daprandre de mes nouvelles dememe que de ma situation qui est asé triste pour moy ; comme je compte que monsieur de Sainte Colombe avotre consideration auroit pu me proqurer quelque plasce ou dune fasson ou dautre, jat-

tendoit ce momant pour pouvoir vous Le
faire asavoir, il est cepandant vray que
monsieur Le Compte de Mongioy et monsieur de Sainte Colombe on fait tout ce
quils on pu pour ce fait la, il mon donne
des Laitres de recommandation pour toutes
Les fabriques an fer des anvirons de
Chambery, mais il ny a pas eu Lieu de
rien faire ; voilà une queinsene de jour
que je cour tan du coté de La moriainne
que des bogies sans quil meye eté possible de trouver au cune plasce je ne say a
quel sein me promaitre, je me suis meme
jeté au piet du gouverneur pour pouvoir
avoir une plasce auprait des fabriques de
monsieur le chevalié Derubilan il ma fait
reponse quil était innutile décrire au pie-
mont pour cella attandu que les fabriques
atait aba depuis trois moy et que Les ou-
vries etait tout parti ; le fameu monsieur
Cimon qui cetait donne savoir faire Le fer
blan par La Lecture de tiorie que Madame
de Warans Lui avait aprit, ne Luy
apa pu reusir non plus que dan le tan
quil Lavait antepri au fabriques dargi-

antines il est arivé a Chambery depuis une quinzaine de jour. Madame de Warans le garde avec elle ils sont aprait a chercher des asocies du coté de geneve pour antreprandre une nouvelle fabrique an fer blan et autres ouvrages de piere quils ont an Chablay jay peur que Leurs teorie ne leurs cerat pas plus favorable a geneve qualieur et quils auront peine de trouver des associes Le fameut guarson perutie et rantre dans Les bonnes grasce de Madamme de Sajon quil sont trois rongieurs dans sa maison ; jay ete deux foy a son apartemant pour la voir elle ma fait dire quelle netait pas visible ; quand les mesieu me rancontre par les rues ils font samblan de ne mavoir jamait connu acauze que je me suis fait payer, jay rancontre dimanche pascé 10 du moy a argiantine monsieur Lintandant general qui san alé a Turein il a été fait ministre il me dit, quil avait laisce mon biliet a monsieur perein, sustitu de Leintandance et quil Le Luy avait bien recommande, il est fort regrete de toute la ville, Lon attan de jour a autre celuy qui doit être a sa plasce qui est piémonté ; Lon vient de publier aujourdhuy un nouvau edi des espesces qui a ete afiché par toute la ville qui conciste que ceux qui auront des demi sequeins des ecu de Lannee 1736 dememe que les ecu patagons Les pieces de ceiq sou vielles et neuves dememe que Les pièces de dix Liars seront obligé de les porter an tresorerie avant la fein du moy daout pour les changier contre des espesces nouvelles et Lon donnera la meme valeur des espesces jusques au tan dit et le terme echu elles n'auront poin de cour. ci je pouvait vous etre utile an quelque chose ou que vous puisiez me proqurer quelque maison de vos cotes je vous serait bien obligié de me Le procurer je me contanteroit de peu de chose. je nose pas masarder daller an france crainte detre areté, Les ouvriers qui travailie a la fabrique an Soye on voulu sasarder de retourner a Lyon ils ont ete reconu et par concequant areté, j'attant cette grasce Monsieur de vos bontes ordinaires vous priant de me croire avec bien de respect

Monsieur   Le plus humble et le plus
a Chambery   obeissant de vos serviteurs
ce 14 juilliet 1756.   FABRE.
   mes respect sil vous plait a monsieur
      votre frère et mademoiselle
     La cour La Marion et sa nièce
Ci vous monorait dun mot de reponse je
suis logié ches monsieur Perrein maitre
cirqutié a Chambéry.

Parmi les singulières choses qu'elle révèle à l'histoire, cette lettre dévoile que Wintzenried, malgré ses prétentions nobiliaires, était familièrement désigné, *bien avant les Confessions*, dans l'entourage de Mme de Warens, par l'appellation dérisoire de *guarson perutié*. En manière de conclusion, ce Fabre paraît avoir haï Mme de Warens de la façon spéciale des ingrats, à qui la reconnaissance ne saurait convenir. Une lettre de lui, datée du 26 juillet 1756 et publiée en partie par Jules Vuy, constate, avec une sorte de joie sourde, que Mme de Warens avait été expulsée de sa fabrique, vers le 18, et qu'elle était venue habiter, enfin, au faubourg Nezin, la maison où elle devait mourir. Voici les misérables lignes du fondeur, adressées au baron d'Angeville :

« aleguard des affaires de madame de Warans, elle est toujour dans ces idees baroques elle a étée condannee de nouvau a payer Lon Lamise hort de La fabrique depuis huit jours elle demeure actuellemant a nesein a La maison de monsieur flandrein..... »

Madame de Warens n'avait pas été prise au dépourvu ; il ressort du bail qu'elle passa avec le notaire Crépine, le 15 avril 1761, qu'elle avait loué du sieur Flandin, le précédent propriétaire, et dès le 20 mai 1756, le petit logement qu'elle ne devait quitter que pour descendre dans la tombe.

LES DERNIÈRES ANNÉES

DE

MADAME DE WARENS

II

1756 — 1762

LES DERNIÈRES ANNÉES
DE
MADAME DE WARENS

II
1756 — 1762

La renommée de Rousseau grandissait de jour en jour. Déjà, en septembre 1756, le roi du siècle, Voltaire, écrivait à Jean-Jacques : « Comptez que, de tous ceux qui vous ont lu, personne ne vous estime plus que moi, malgré mes mauvaises plaisanteries. » L'histoire peut placer, vers cette époque, le brouillon d'une lettre attribuée à Mme de Warens, sans date ni indication de destinataire, dans laquelle la baronne se plaint de ses associés qui veulent établir une fonderie en Maurienne, après avoir détruit l'établissement qu'elle avait créé à Chambéry. La pauvre femme est malade de chagrin, au point qu'elle désespère, elle-même, de pouvoir jamais guérir :

Monsieur

Je suis fort sensible aux sage conseils que vous avez la bontés de me doner Il est sertin que la patiance et le plus grand de tous les remaide Il y at longtens que j'en fais l'expérience Je m'étois flatée. Monsieur, en exersent cette vertu que vous ariveriés dens ce païs et que je pourois vous doner part et vous expliquer les afaires importentes quy concerne les minières de ce païs et les établicements quy conviennent en conséquance Mais Mr je prends la liberté de vous faire observer que le poix est trop grand pour que je puisse me soutenir plus longtens par moy même Il faud que je recourent de nouveaux aux secours Etrengers ce que je ne veut faire que par votre agrément et par vos sage conseils Voila ma fabrique de poteries et de toutes sorte de moulages en fert coulés, qu'on a détruit par malice Je trouveray des étrangers quy me fourniront de quoy la relever pourveu que les privillège soit à moy seulle et que ma Compagnie n'y aie plu rien à voir, ce qui parois bien juste puisqu'il ont détruit mon ouvrage quoy que parfait dizent seulement pour toute raison que cela leur coutoit trop à Chambéry et qu'il l'établirois dens la suite en Moriane, ce qui et une apsurdité des plus grande en fait de fabrique.*

Que votre bontés, Monsieur, m'optienne le droit de continuer mes ouvrage dens ma fonderies et lorsque ces Messieurs ceront prèt à pouvoir établir en Moriane je m'ofre encore pour lors quoy qu'il ne le mérite pas de leur rendre encore service cil parviène aux point de pouvoir étably dens la fabrique de fert de Moriane. Je crois Monsieur que lon ne peut rien auposé de contraire à mes propositions cy tôt que lon se voudras doner la peine d'envizager les avantages de l'état. Au reste, Monsieur, pour ce quy conserne les découvertes et les traveaux des autres mines que celle de fert j'orois trop à dire et il me faudroit un volume pour vous expliquer toutes mes raison de plainte. Je vous demende seulement Monsieur que vous ayes la bontés de me recommender à Monsieur l'intandant générals pour qu'il donne hordre aux sieur Torin régisseur de nos fabrique et fonderie de me fournir tous le nessesaire que je demenderay pour le faire exercer par le sieur Merkell afin qu'il puisse faire telle épreuve qu'il me plairas sur les mines. Cela contiendras un peu ces gens la quy ne cherche qu'à détruire et non à bien étably, et joray l'honeur, Monsieur, de vous faire part chaque moy des épreuves que j'oray fait faire aux sieur Merkell, ne pouvant plus travallier par moy même à cause de la maladie ou les chagrin et les injustice que l'on m'a fait soufrir m'on plongée et don je suis hor d'espérence de pouvoir guérir.

(A la fin de la lettre se trouve le paragraphe additionnel suivant, avec un astérique indiquant, sous forme de renvoi, l'endroit de cette épître où il doit être intercalé).

* Vous savez, Monsieur, par expérience que lon ne doit jamés détruire une fabrique pour la transplanter alieur que tout l'emplacement qu'on propose ne soit fait et en état de travallier avant que de proposer le changement de lieu et il faud être en état de faire voir l'ouvrage fait et parfait aux nouvel emplacement avant de faire sesser l'ouvrage aux premier emplacement. Vous aves trop de lumières et d'expérience, Monsieur, pour ne pas gouter la solidités de mes raison c'est pourquoy je recour à votre équités pour que Sa Majesté daigne accorder à moy seulle en faveur de mon travail ce que les autre eux ne feron qu'en parolle et non (un mot déchiré). »

Ce document, extrait des titres déposés aux Archives departementales de la Savoie, peut servir, en quelque sorte, d'introduction à un mémoire, daté du 17 août 1756, par lequel le baron de Valeirieux, l'un des actionnaires de la société formée par Mme de Warens pour l'exploitation des mines de houille de la Savoie, demande au roi de Sardaigne, au nom de la Compagnie, le privilège exclusif de transporter, par radeaux, à Genève, sur la rivière d'Arve, les charbons extraits à Arache, dans la province de Faucigny :

Mémoire de M. le baron de Valeirieux, par lequel il demande le privilège exclusif d'extraire, par le moyen de radeaux sur la rivière d'Arve, tant à son nom que de sa Compagnie, les charbons de pierre approvisionnés à Aras (Arache en Faucigny) *27 novembre 1756.*

Par le privilège exclusif que le Roy daignat accorder, sous la date du 30 8bre 1752, à la dame Françoise Louise Eléonore de Warens baronne de La Tour, conjointement à Jean Rodolphe de Courtilles, natif du pays de Vaud habitant à Chambéry, pour la recherche et excavation du charbon de pierre et de terre, soit houille (sic), dans les provinces de Savoye, les susnommés formèrent une Compagnie de cinq actions, lesquelles vendues et revendues, se trouvent aujourdhuy en former six, qui appartiennent à Messieurs La Corbière et Bérard, de Genève, pour trois, et les trois autres à laditte baronne de Warens, au sieur Portas, natif, habitant et bourgeois de Chambéry, et au soussigné qui n'acceptera cette sixième qu'autant qu'il résultera, comme il le pense, un bien pour l'Etat, de luy accorder ce qu'il demande au nom de la Compagnie.

Comme au moyen de beaucoup de dépence, il y a beaucoup de charbons extraits à Arache, dont la débitte ne peut être qu'à Genève, et en Suisse, et que le transport par terre excèderoit le produit la Compagnie demande en grâce au Roy, de vouloir luy permettre avec privilège exclusif, la quantité de radeaux nécessaire pour faire floter sur Arve, le transport, au moyen des bois qu'elle achètera dans la province de Faucigny, sous l'indication et inspection de Monsieur l'intendant de cette province, ou de tel autre que Sa Majesté voudra y fère commettre, offrant, à cet effet, d'indemniser les Royales finances des frais qu'elle pourroit suporter, par paye de qui sera commis, comme aussy de se soumettre à tout ce qui sera jugé devoir être établis contre les abus et tout ce qui pourroit tendre à la destruction des bois ; de même de donner ledit sieur Portas pour répondant et caution, en forme des peines pecuniaires imposées contre les contraventeurs aux conventions et en un mot de se soumettre à tout ce qui sera exigé d'elle.

La Compagnie demande en outre que l'on veuille être exactement informé du bien qui résultera dans cette province, des quinze ou vingt radeaux qu'on peut d'abord luy permettre, et qu'en cas qu'il ne soit pas évident ou qu'on trouve que cela put occasioner ou seulement faire craindre la destruction des bois, on retire le privillège accordé, encore que cette quantitté de radeaux n'auroit pas pu suffire aux transport des charbons extraits à Arrache, où il en est prêt à se perdre pour plus de six mille franc courant. — Bien entendu encore qu'il sera établis que lesdits radeaux ne pourront transporter aucunes autres choses, pour ne point troubler le commerce des chariots de mulets qui quoyque très-médiocre, forme un, objet pour les particuliers qui l'exercent mais que si tout est trouvé à forme de l'objet, qui est l'intérét de l'Etat, par le bien de cette province, qu'il soit promis à cette Compagnie de la privillégier pour la suitte de cette permission.

J'observe icy que tant la continuation de l'extraction des charbons que leurs chargements, la couppe des bois, la construction et conduitte des radeaux, le tout occuperat plus de cinquante ouvriers par jour. Cela, joint aux déboursés pour l'achapt des bois, forme un objet bien considérable pour une province qui n'a de commerce et de moyens que par les gens qui en absentent, sept ou huit mois de l'année pour chercher la vie de leur famille dans le pays étranger, ce qui ne réussissant pas à tous, fait que plusieurs y restent et qu'insensiblement elle se dépeuple. Il est vray que l'Etat gagneroit plus s'il fournissoit tous les membres de la Compagnie, puisque le profit qu'elle peut faire y resteroit en entier, mais les avances sont fortes et les moyens d'une Compagnie de sujets sont faibles. C'est déjà quelque chose que la moitié y soit asseuré, et il est fort aisé qu'insensiblement le tout y reste. Il me paroit qu'il est question de mettre la chose en train, et au moyen du stile et des réserves qu'on pourroit employer dans le privilège accordé de vingt radeaux, il sera facile de pourvoir de façon, en après, que tout le profit reste dans les Etats.

J'avertis icy que conséquemment à une permission que le Roy accorda au mois d'août 1754, je crois à la réquisition de la Cour de France, à certains entrepreneurs du Pont des Rousses, ceux-cy commirent à Genève le sieur Sadet qui y est encore à présent. Il étoit question pour la construction de ce pont, de je crois, vingt plantes de bois dur, et soixante ou quatre vingt platteaux de mesme, que cependant peu de jours avant mon départ de Chambéry, le neuf du courant, il est arrivé à Genève le douzième radeau au compte dudit sieur Sadet. A scavoir cependant s'il n'a point eu d'autres permissions, je l'ignore, et j'ay tout sujet d'en doutter. Je scay seulement avec certitude qu'il a payé dix huit livres des piéces de bois des trois derniers radeaux, que pour les premiers il n'a payé que quatre livres.

Je finis en exposant que je suis munis de tous les moyens pour donner touttes les surettés qu'on jugera devoir exiger.

Turin le 17 aout 1756

    Signé : Le baron de Valérieux

Ce document, qui donne divers détails sur l'organisation et le personnel de la Compagnie, se trouve annexé, en date du 27 novembre 1756, à un volumineux rapport de l'Intendant général de Savoie, lequel examine, successivement, toutes les raisons alléguées par l'auteur du mémoire, et, en principe, finit par conclure au rejet de la demande, en indiquant, toutefois, les mesures restrictives à imposer à la Compagnie, dans le cas où la Cour de Turin se déciderait à accorder, temporairement, une partie de ce que le baron de Valérieux sollicitait. Le rapport de l'Intendant ajoute que, d'ailleurs, on n'avait employé, encore, que deux ouvriers aux mines d'Arache, et que, par conséquent, l'encombrement des charbons, extraits, ne devait pas être aussi considérable que le prétendait l'auteur visé du mémoire.

Peu de jours auparavant, Mme de Warens avait adressé la lettre suivante au baron d'Angeville; cette missive a déjà été publiée, comme suit, en 1855, par Jacques Replat, dans sa *Note sur Madame de Warens*.

ADRESSE :

✝

« à Monsieur
Monsieur de Lambert Baron
Dengevilles à la Caillie prés
d'Annecy
  à La Cailles. »

Chambéry ce 15ᵉ octobre 1756.

Monsieur

Il vous est bien aizé de badiner mon cher Baron parce que Dieu mercy il ne vous menque de Rien plus a Dieu que jeu des Barils de ferblanc à ma disposition je ne me feroit pas tirer Loriellie pour vous en envoier bien au contraire, je me ferois surement un devoir et un empressement de vous en présenter ; je suis cy éloignée auxjourduy de penser à établir des nouvelles fabrique, que je mocupe à vandre toutes les pretentions que gy puis encore avoir, c'est dens ces vue que jay pris la libertés de demender mon prolong aux Roy ; ne dezirends que détre débarassée de toutes sorte dafaire pour employer uni-

quement le peu de temps quy me reste a
vivre à louvrage de mon salut ce..........
l'objet quy mocupe, aujourduy...........en
je vous prie bien persuadé, et je vous demende avec une part dans vos bonnes prieres pour que Dieu veullies macorder la
grace de perseverer dans les bonnes reso-
lutions que jay prise cy jay tardé davoir
l'honeur de repondre a vos chere letres
cest que jesperois dun jour a lautre de
pouvoir vous aprendre quelque chose de
positifs sur la fins de mes affaires ; mais
elle vont si lentement quil ne fauds pas
moins que la patience de Griselidy pour
pouvoir tenir a tous les ennuis que cela me
cause ; vous serez surement un des premiers aquy je feray part de larengement
que mes affaires prendront, soie je vous
prie persuade que je ne pert pas un moment de vüe les deux cent quinze livre que
je vous doit pour avoir noury le Sr Fabre;
cette dette me tient trop a cœur pour ne
p....... iter avec honneur cy tot que la......
sera a mon pouvoir je vous prie mon cher
baron de vouloir me continuer lhonneur

de votre souvenir, je dezire ardentment de pouvoir mériter celuy de votre amitié que je cultiveray toute ma vie, vous prient de vouloir conter sur moy dens tous ce quy ceras en mon pouvoir ; cy la cruelle fortune me devenois un instant favorable je ne resterois surement pas en arriere a votre egards Dieu conois mon cœur et vous me rendres justice un jour, je suis cy malade par tout les embaras que jay qua peine puige tenir la plume, et dens ce triste etat ma servante et malade, et mon secretaire ce meur dun absés dans la poitrine y vient de resevoir tous ces sacrements voila ma situations, je prie Dieu tous les jours pour votre guerison, et pour votre chère conservations et prosperites, et jay lhonneur de vous assurer mon cher Baron que je vous seray jusque aux sendres ; avec le plus sinceire et le plus respectueux atachement

  Monsieur
    Votre tres humble et
   tres obeysente servante
  La Barone de Warens de la Tour.

Que signifiait le passage de cette lettre, relatif à Griselidy ? s'était demandé Replat, et, pour avoir le mot de l'énigme, il avait écrit à son ami Léon Ménabréa, l'un des plus spirituels littérateurs de la Savoie. Voici l'explication qui lui fut donnée :

« Dans la série des marquis fabuleux de Saluces, il ne faut pas oublier le fantasque Gauthier, dont l'épouse Griseldis est devenue le sujet d'une des traditions les plus populaires de l'Italie. Griseldis, vainquant par sa douceur, sa patience, sa résignation, la feinte jalousie et les cruels caprices de son mari, a été si souvent célébrée par les poètes et les romanciers qu'il serait difficile de faire l'énumération de ceux qui ont tour à tour essayé de reproduire l'angélique figure de cette femme, type touchant de la longanimité conjugale. Boccace y a puisé le texte de la dernière nouvelle de son *Décaméron*. Le père Bernard de Montfaucon, dans sa *Bibliotheca nova* m^te, a indiqué plusieurs romans du moyen-âge existant de son temps dans plusieurs bibliothèques de

France, d'Italie et d'Angleterre, reproduisant la fable intéressante de Gauthier et de Griseldis. Thomas III, marquis de Saluces, dans son roman manuscrit, mille fois curieux, *le Livre du Chevalier errant*, évoque en maintes circonstances l'ombre charmante de Griseldis ; il la fait assister entr'autres à la bataille du Dieu d'Amour contre l'empereur des Jaloux, à côté de Belle-Rose, de la reine Genèvre, d'Hélène, de Médée, de Cléopâtre, etc. »

Ainsi, malade au point de ne pouvoir tenir la plume qu'avec peine, la pauvre femme gardait encore, dans sa correspondance, l'humeur enjouée des anciens beaux jours.

Cependant, la dette, contractée pour nourrir Fabre, inquiétait sans cesse la baronne ; d'Angeville ne lui laissait aucun répit. Clouée depuis deux mois sur un lit de douleur, Mme de Warens écrivait, au sieur de Lambert, pour l'apaiser, les lignes suivantes, déjà publiées, en 1870, par Jules Vuy, dans son excellent opuscule précédemment cité :

Ce 7ᵉ février 1757 Nezin.
Monsieur

Cest avec bien du Regret mon tres cher Baron que j'aprends que la triste situations de votre santes Ressemble a La miene, qui est Reduitte aucy a ne pouvoir quiter ny le lit ny la chambre, je norais pus vous Lecrire plus tot malgres tout mon Empressement a mentretenir avec vous, depui les fetes de noel jay tenus le lit par des douleur de goute sur Les 4 membre quy mon fait Enfler Les pie et Les main et causé une fluction de poitrine des plus facheuse et quy me tourmente autent que mes dettes cest tout dire, car il niat point de plus grande croix pour un honette homme que celle de devoir et ne pouvoir pas paier aucy tot qu'on Le souhaiterois, cest le cas malheureux ou je me trouve, soie persuade mon tres cher Baron que les deux cent et quinze livre que je vous doit pour avoir nourry le Sʳ fabre me tiene plus a cœur qua vous, jusques asse que vous En soié satisfait. je nay put comprendre ce que vous me ditte dens votre chere derniere, aux sujet du S^r fabre cest a vous mon cher Baron a qui je doit ; et non a luy. je ne luy doit pas un deniers grace a dieu, je serois bien doublement charmées de voir ariver paques puis que ce tens la doit me procurer La consolation de vous voir icy ce quy ceroit pour moy un plaisir des plus semsible, Dieu vous ameine bientot En bone santes ; que je regarde comme le plus presieux bien de la vie cy tot quelle est perdue tout le reste, et moin que rien ; car soufrir des grande douleur dens un lit doré ou soub un toit de paillie cela et Egal suivant moy. Cy dieu vouloit me rendre la sante ; je la prefererois a la plus briliante fortune, mais nul nal a choisir, son sort, La volontes de Dieu doit Etre la raigle de la notre, sens plainte et sen murmure ; se soumetre a notres sort quel quil puisse Etre voila ce que je me propose de faire avec Laide de Dieu Le reste de mes jour, cest ce qui fait que je vous passe soub silences toutes les injustices, que lon me fait ; il faudrois des volumes, pour pouvoir vous en Expliquer une partie ; et je prie dieu quy vous conserve, et vous rétablice, et je vous suplie mon cher Baron de macorder toute la vie une petite part dens votre cher souvenir, cy vous lizie bien dens Le fonds de mon cœur, vous vous trouverie satisfait de mes sentiments a votre Egards, protégé toujour un peu une peuvre veufve infortunées et doner souvant de vos chère nouvelles ; agrees les sentiments de ma reconoissance a vos bontes, et La Respectueuse, et tres parfaitte considérations avec Laquelle jay lhoneur d'etre

    Monsieur

      Votre tres humble

       et tres obeissente servante

    La Barone De Warens De La Tour.

La misère de la pauvre femme était irréfragable et sa ruine consommée. Le 27 septembre de la même année, la malheureuse était forcée de résilier, enfin, l'acquisition d'une maison qu'elle avait faite à Evian, en 1755. Ne pouvant pas en payer le prix à Noël Joudon, fils de Jean-François qui lui avait cédé l'immeuble, Mme de Warens est obligée, à titre de dommages intérêts, de faire abandon, au dit sieur Joudon, d'une somme de 415[1], à prélever — bien entendu — à la trésorerie de Chambéry, et en deux termes, sur deux quartiers, désignés, de la pension qu'elle tenait des libéralités du roi de Sardaigne. La transaction figure, en ces termes, au troisième volume de 1757, f° 474, des registres du Tabellion de Chambéry :

DÉPARTEMENT DE VENTE

en faveur du sieur Jean-françois Joudon, notaire à Evian, par dame Françoise-Louise-Eléonore de la tour, baronne de Vuarens.

L'an mil sept cent cinquante sept et le vingt sept du mois de septembre, à Chambéry à trois heures après midy, dans la maison qu'occupe la dame baronne de Warens, au faux bourg du Reclus, procédée du sieur Flandin, pardevant moy notaire roial soussigné, présents les témoins cy après nommés s'est personnellement établie et constituée dame Françoise Louise Eléonore à feu noble Jean Baptiste de La Tour native de la ville D'avevey en Suisse canton de Berne, veuve de noble Isaac Sébastien de Louis de Villarden baron de Vuarens domicilié en la présente ville, qui de grez pour elle et les siens s'est départie, ainsi que par le présent elle se départ en faveur de Mre Noel fils de feu sieur Jean-François Joudon natif notaire collégié secrétaire bourgeois habitant la ville d'Evian et de ses amis à élire pour le tout ou en partie, à l'acceptation de Messire Charles fils de feu Messire Joseph Métral seigneur de Châtillon, natif habitant la présente ville, pour icelluy avec moy dit notaire acceptant, de la vente passée en faveur de ladite dame barone de Vuarens par ledit Me Joudon, par acte du dix-neuf juin mil sept cents cinquante cinq reçu par Me Buttet notaire, de la maison granges y spécifiés indiqués sous les numéros de la mappe dudit Evian, deux milles deux cents quatorze, deux milles deux cents cinquante deux, et deux milles deux cents cinquante-trois, avec touttes appartenances et dépendances, et c'est à deffaut du payement de la somme de deux milles cinq cents livres de Savoye et cent livres pour épingles non payé du prix de ladite vente en se départant de tous droits de propriété qui auroient pus luy être acquis, dont au besoin elle s'est demise et dévêtue et ledit Joudon invêtu par touttes dévestitures et investitures requises et audit cas nécessaires à l'acceptation de qui dessus et pour raison des dommages intérêts et pour tout ce que ledit Me Joudon at pu souffrir et seroit dans le cas de souffrir et supporter pour raison de ladite vente ladite dame baronne de Wuarens luy a assigné ainsi que par le présent elle luy assigne en exécution du susdit contract de vente la somme de quatre cents quinze livres à prendre et exiger sur la pension annuelle dont elle joui des libéralités de sa Majesté à exiger de la Trésorerie en la présente ville dont elle se reconnoit luy être débitrice et à tant entr'eux réglés pour raison de quoy elle a présentement et réellement remis audit seigneur Métral de Chatillon deux mandats dont l'un de deux cents livres et le second de deux cents quinze livres à exiger sur ladite pension le premier sur le quartier de la St Jean prochain et le second sur celluy de la Noël suivante compensation faitte de tous plus amples dommages que pourront prétendre ledit M° Joudon contre tout ce qu'il peut avoir perçu et retiré à ladite maison et dépendances dez la vente d'icelle il ne rentre dans la propriété des choses vendues que suivant les revenus insérés dans le sus désigné contract et le droit de propriété qu'il s'étoit expressément renoncé à deffaut du susdit payement et le tout ainsy par ladite dame veuve de Vuarens en ce qui la concerne convenu et promis observer avec promesse de ne venir au contraire sous l'obligation constitution de ses biens et la stipulation de tous dépends dommages intérêts fait et prononcé au lieu que dessus en présence du sieur Nicolas Antoine Riva de Turin, et de François Piollet de La Val de Cruenne habitant la présente ville témoins requis. (....) par un droit au tabellion trente sols ledit Piollet est illitéré de ce enquis par moy nottaire soussigné le présent qui contient deux pages en ma minutte recevoir requis que j'ay expédié pour le tabellion.

Signé Buisson, notaire.

Wintzenried se démenait de son côté, afin d'obtenir du gouvernement un emploi fixe, qui lui permît de gagner son pain. Les titres déposés aux Archives départementales de la Savoie, en effet, révèlent à l'histoire un rapport favorable, adressé au Ministre de Turin par l'Intendant général de Chambéry, sur les antécédents et les aptitudes de l'associé de Mme de Warens, devenu solliciteur. Voici la teneur de ce très curieux document qui donne, outre une foule de particularités, la date *exacte* des premiers rapports de Wintzenried avec la baronne :

RELATION

concernant les talens, les occupations et la conduite du sieur de Courtille, habitant depuis 20 ans en la ville de Chambéry, suivant les connoissances que je soussigné, j'ai prises, en exécution des ordres de sa Majesté, portés par lettre de M. le chevalier Ferraris, du 13 8bre 1756.

Le sieur Jean Samuel de Courtille, natif dudit Courtille, canton de Berne, étant sorti fort jeune de son pays, pour voyager, passa en 1731, à Chambéry, où il fit connoissance avec Madame la baronne de Warens de La Tour, de la même nation.

Après quelques années de voyage, ayant embrassé la religion catholique, apostolique et romaine, revint en 1737 à Chambéry où la susdite dame baronne de Warens l'engagea à y rester au moyen des secours qu'elle lui fournit, en vue apparemment de lui donner de l'occupation.

Pendant l'occupation de la Savoie par

les Espagnols, M^r le comte président Garbillon, pour lors avocat général au sénat, et de la Délégation générale établie en cette ville, a donné plusieurs commissions audit sieur de Courtilles, dont il s'est bien acquitté.

En 1749, Madame la baronne de Warens et Mrs Mansord, de la ville de Chambéry, et Perrichon, de celle de Lyon, acquéreurs des mines de la haute-Maurienne, et entrepreneurs associés des fabriques ont élus et député ledit sieur de Courtilles inspecteur, et controlleur aux mines et fabriques susdittes, pendant l'espace de neuf années, avec l'appointement de douze cent livres par an, sa table sur le pied de trois cent livres, et le logement et l'entretien d'un cheval, ainsi qu'il résulte par ses conventions qu'il m'a exhibées, du 14 8bre 1749, et 12 7bre 1750.

Ensuite des susdites conventions, il entra aussitôt en exercice de l'employ qu'on luy avoit confié et a continué d'en faire les fonctions jusqu'au mois de mars 1752, auquel temps la susditte Compagnie ayant par un nouveau règlement député le nommé Thoring directeur général des mines et fabriques susdittes, il entra en négociation avec le sieur de Courtilles afin de le porter à renoncer à son employ d'inspecteur et controlleur d'icelles, comme en effet par contrat du 12 mars 1752 il s'en départit moyennant la pension de six cents livres par ans, que ladite Compagnie luy a accordée pendant six années à commencer le 1er juillet de ladite année 1752, et à finir le 30 juin 1758, qui est justement le terme que devoit durer son employ d'inspecteur et controlleur.

En outre la ditte Compagnie a expédié en faveur dudit sieur de Courtilles, un certificat en datte du 14 mars 1752, portant sa déclaration qu'il avoit exercé pendant trois années le susdit employ avec toute habileté activité fidélité et probité.

Dans la même année 1752, Sa Majesté, par des pattentes du 30 8bre, a accordé à Madame la baronne de Warens et audit sieur de Courtilles le privilège exclusif de la recherche et excavation du charbon de pierre et de terre, soit trouille (sic), dans les provinces de Savoye. — Comme ils n'avoient pas les fonds à ce nécessaires, ils ont associés M^{rs} La Courbière et Bérard, de Genève qui ont entrepris l'excavation du charbon à Arraches, dans la province de Fancigny, mais jusqu'ici laditte entreprise n'a pas produit l'effet qu'on s'étoit proposé et l'excavation en est arrestée.

Après avoir détaillé les occupations que ledit sieur de Courtilles a eu pendant l'espace de 20 ans qu'il resta à Chambéry, je passe aux qualités personnelles que je lui ai connu à la suitte de plusieurs entretiens qu'à ces fins j'ai eu avec lui

Il a de l'esprit de la vivacité. Il marque du goût, et quelque intelligence en tout ce qui ressort de l'exploitation des mines et l'excavation du charbon. Il s'énonce bien. Il parle un peu volontiers et même il scait bien faire valoir tout ce qu'il a fait. Dailleurs par les connoissances exactes que j'ai pris il ne m'est revenu rien d'équivoque ni sur sa conduite ni sur ses mœurs.

Il s'est marié il y a quatre ans avec la

fille du nommé sieur Bergonsi de la ville de Moutiers et jusqu'ici heureusement pour lui il n'a point d'enfans.

Suivant les ordres de Sa Majesté portés par la lettre de M^r le chevalier Ferraris du ... de l'année dernière, je donnai audit sieur de Courtilles la commission d'inspecteur aux réparations des chemins pendant l'été passé dont il s'en est bien acquitté, mais comme la pension de L. 600 dont il est fait mention ci-dessus touche bientôt à sa fin il est certain que cette inspection ne pourroit pas lui fournir de quoi subsister puisque les travaux qui se font en réparation des chemins ne pourroient l'occuper que par intervalle pendant l'espace de quatre ou cinq mois tout au plus. — Un poste fixe dont il pût faire usage des connoissances acquises seroit vraiment ce qui lui conviendroit. — C'est aussi ce qu'il demande pour se procurer une subsistance, mais la Savoye n'en fournissant aucun à présent, ce n'est que de là les monts qu'il pourroit l'obtenir, en cas que Sa Majesté veuille daigner le lui accorder, et l'encourager par là à persévérer dans la religion qu'il a embrassée.

Chambéry le 18 xbre 1757.

Quelques semaines après, les deux associés envoyaient encore la supplique suivante au Comte Capris de Castellamont, pour obtenir l'autorisation d'afficher la mise en vente des charbons qu'ils avaient extraits de leur houillère d'Arache :

REQUÊTE ET DÉCRET

de la dame Eléonore de Warrens de la Tour et du sieur de Curtilles pour la vente de charbons de pierre

Supplie humblement dame Françoise Louise Eléonore de Warrens de La Tour et le sieur Jean Rodolphe de Courtilles et Compagnie :

Disant qu'il auroit plu à Sa Majesté, par ses pattentes du 30 8bre 1752, d'accorder à ces deux premiers le privilège d'excaver et faire excaver les minières de charbon de pierre ou de terre, soit houillie privativement à toute autre personne dans l'étendue du duché de Savoie, de la manière et aux conditions exprimées par lesdittes pattentes, par lesquelles il est spécifié, article 2. Que dès que les suppliants auroient fait la découverte desdittes minières ils seroient tenus de les dénoncer sans délay au seigneur intendant général en Savoye et de luy en présenter en même temps des échantillons, pour être par luy envoyés à Turin es mains du Chef du Congré établi pour les minières, aux fins que la reconnoissance et l'essay desdits échantillons soient faits dans l'arsenal de Sa Majesté.

Il est aussi porté par l'article 3 que les suppliants feroient travailler à l'excavation desdittes minières de charbon avec tout le bon ordre et règle de l'art, en observant encor toutes les dispositions et instructions qui seroient données par le seigneur chevallier de Robillant inspecteur général des minières ou par qui seroit par luy à ce proposé.

Par l'article 5 il est porté qu'il sera facultatif aux suppliants hors des Etats de

Sa Majesté le susdit charbon après cependant qu'il en auroit été entièrement pourvu à prix convenable au besoin de la Savoye, des salines et autres fabriques et fonderies de Sa dite Majesté, tant en Savoie qu'aillicurs, toutes fois et quant ils en seroient requis, à condition encor que l'extraction dudit charbon hors des Etats ne pourroit être faitte sans en avoir préallablement conciné la quantité audit seigneur intendant général qui ordonneroit sur ce, les précautions nécessaires.

Les suppliants ont faite entre autres excaver une minière dans la paroisse d'harache sur Cluses en Foussigny et ont remis en 1756 et 1757 à votre bureau, des échantillons et comme ils en ont audit harache une assez grande quantité d'extraits, pour pouvoir les débiter, ils viennent recourir :

A ce qu'il vous plaise, Monsieur, en tant que Sa Majesté n'auroit pas besoin dudit charbon, pour ses sallines ou autres fabriques et pour que les suppliants puissent extraire celuy dont les sujets de S

Majesté n'auront pas besoin, leurs permettre de faire publier par des affiches publiques, dans les endroits qu'il vous plaira, que ceux qui voudront s'assortir dudit charbon aient à le déclarer à votre bureau ou à ceux qu'il vous plaira, dans le terme qui sera par vous préfigé pour qu'en conséquence il vous plaise donner les dispositions convenables pour l'extration desdits charbons. Et sur ce, plaise pourvoir.

Signé Me Bertier, procureur.

Cette supplique, qui fait partie des titres déposés aux Archives départementales de la Savoie, est suivie d'une ordonnance de l'Intendant général de la Savoie, faisant droit à la demande de Mme de Warens :

Décret de l'Intendant général sur la présente requête

Vu les patentes accordées par Sa Majesté le trentième octobre mil sept cent cinquante deux à la dame Françoise Louise Eléonore de Warens de La Tour, conjointement au sieur Jean Rodolphe de Courtilles, portant privilège de la recherche et excavation des minières de charbons de pierre et de terre, soit houille dans toutes les provinces de Savoie, privativement à toute autre personne, moiennant les conditions et réserves y exprimés.

Attendu que par l'article 5 desdittes pattentes il leurs est accordé la faculté d'extraire hors des Etats de Savoie les charbons qu'ils auront excavés, après cependant qu'il aura été entièrement pourvu, à prix convenable, aux besoins de la Savoie.

Et vu que laditte Dame et son associé ont satisfait au contenu dans le second article d'icelles, portant dénonciation desdittes minières et remission des échantillons des charbons en provenants, à l'intendant général de Savoie soussigné ;

Avant que de permettre l'extraction suppliée en la requête cy dessus ; Ordonnons que le vente des charbons qui se trouve déjà excavés sera publiée aux lieux et manière accoutumée, dans toute la province de Foussigny, eu égard que les autres provinces de ce duché ne sont pas à portée de s'en prévalloir avec avantage ; que la vente d'iceux se fera à juste prix, lequel au besoin sera même déterminé et fixé dans les publications, par Monsieur l'intendant de celle de Foucigny, Graffion, ainsy que nous l'en chargeons ; et que ces charbons seront exposés et mis en vente publique, pendant l'espace de quinze jours consécutifs, tant en gros qu'en détail, en assignant par les publications, les lieux et magasin où elle se fera pendant le susdit terme.

Déclarons que pour que les suppliants puissent vous faire contester (*sic ; sans doute faute de copiste, pour conster*), soit de la publication dont s'agit, soit s'il ne se sera présenté aucun achepteur, les respectifs secrettaires de chaque parroisse, ou à leur absence les chatellains des lieux devront, en même temps qu'ils feront les publications dont il est parlé, notifier que ceux qui voudront achepter de ces charbons aient à se concigner à eux, affin que dans le cas qu'il ne se présente aucun achepteur, ledits secrettaires ou chatellains soient à même d'en pouvoir expédier leurs certificats en authentique forme ; lesquels de même que ceux des publications nous seront rapportés avec le présent décret pour être ensuite pourvu, ainsy qu'il sera reconnu de justice.

Et comme le présent décret doit être rendu public dans toute la province de Foussigny, nous permettons au suppliant de le faire imprimer à leurs fraix, de même que la requête qui le précède, et les affiches pour la vente dont s'agit, par le sieur imprimeur du Roy, Gorrin.

A Chambéry, au bureau de l'intendance générale de Savoie, le seize fevrier mil sept cent cinquante huit. —

Signé par le seigneur de Capris de Castellamont, et par le sieur Beauregard.

Une autre demande, puisée au même fonds, fut adressée, en avril 1758, au comte Capris de Castellamont par les deux associés, afin d'obtenir l'autorisation de faire sortir des Etats du roi, pour être transportés économiquement à Genève, par la rivière d'Arve, 15,000 quintaux de charbon de pierre provenant de la mine d'Arache et dont la vente n'avait pu se faire dans le pays :

Au seigneur Comte Capris de Castellamont Intendant Général en Savoie

Supplie humblement dame Françoise Eléonore de Warens de La Tour et le sieur Jean Rodolphe de Courtille et Compagnie :

Disant qu'ensuite des privilèges accordés par Sa Majesté aux deux premiers, par ses patentes du 30 8bre 1752, ils auroient fait excaver dans la paroisse d'Arache en Foncigni une assez grande quantité de charbons de pierre, et comme par l'article cinq des mêmes patentes, il est porté qu'il sera facultatif aux suppliants d'extraire hors des Etats de Sa Majesté ledit charbon, après cependant qu'il en auroit été entièrement pourvu à prix convenable, aux besoins de la Savoye, des salines et des autres fabriques et fonderies de Sa Majesté, tant en Savoye que ailleurs, toutes fois et quant ils en seroient requis, à condition encor que l'extraction desdits charbons hors des Etats ne pourroit être faitte sans en avoir préalablement concinné la quantité à Votre Seigneurie qui ordonneroit sur ce, les précautions nécessaires.

Les supplians qui ont actuellement environ quinze mille quintaux desdits charbons d'excavé, ainsi que résulte du certificat du Conseil dudit Arache, du 6 de ce mois, cy joint *(Le certificat manque dans le registre)*, ont exécutés ce qu'il vous a plu de leur préfiger, par votre décret du 16 février dernier en le faisant publier dans toutes les paroisses du Foucigni ; et comme il conste des certificats cy joints que personne ne s'est présenté pour en acheter, quoique le prix en fut taxé à un prix si modique qu'à peine suffit il pour l'excavation, et qu'ils peuvent tirer un bénéfice en le faisant passer à Genève, et qu'à terme desdits privilèges, c'est vous, Monsieur, qui étes commis pour en permettre l'extraction hors des Etats, et ordonner les précautions nécessaires à ce sujet; C'est pour obtenir cette permission que les supplians viennent recourir :

A ce qu'il vous plaise, Monsieur, permettre aux supplians, de faire conduire à Genève, ledit charbon qui se trouve excavé, et comme la voiture par terre seroit si dispendieuse que le produit desdits charbons ne pourroit pas suffire pour payer les fraix du transport, et d'excavation, d'autant qu'il leur coûte déjà considérablement pour le descendre de la montagne permettre aux supplians de transporter ledit charbon sur la rivière d'Arve et sur des battaux batard, pour la construction desquels il ne faut que très peu de bois qui ne seront pris que dans les endroits qui seront fixés par Monsieur l'intendant du Foucigni et qui seront payés par les supplians au prix qu'il luy plaira de fixer; vous suppliant de faire attention qu'au moyen de ce, l'on fera entrer dans le païs de l'argent d'une chose qui jusqu'icy n'a rien produit, et qui peut fournir une occupation et entretien à nombre d'ouvriers, tant par l'extraction de la minière que pour descendre lesdits charbons depuis la montagne jusqu'à laditte rivière, qui sera un objet assés considérable. Les suppliants étant pret de se soumettre à toutes les précautions qu'il vous plaira de déterminer.

Signé : Bertier

Cette requête fut suivie d'une ordonnance, qui fait également partie des titres déposés aux Archives départementales de la Savoie, par laquelle l'Intendant général permettait l'exportation des 15,000 quintaux de charbon, mais par voie de terre seulement :

Vu les certificats des syndic et conseil de la communauté d'Arache du 6 du courant, duquel il résulte que la dame Françoise Eléonore de Vuarens de La Tour, et le sieur Jean Rodolphe de Courtille et Compagnie se trouvent avoir actuellement en fond la quantité de quinze mille quintaux de charbons de pierre qu'ils ont fait tirer et excaver de la minière dudit Arache en Foucigni.

Vu les déclarations et certificats des chatelains et secrétaires de toutes les paroisses de la ditte province, portan que lesdits charbons excavés au lieu que dessus ayant été exposé en vente publique tant en gros qu'en détail et au prix fixé par M^r l'intendant du Foucigni conformément à ce qui est prescrit par notre décret du 16 février dernier, personne ne s'étoit présenté pour les acheter en gros ni en détail.

Les supplians ayant satisfait à ce qui est porté par les lettres patentes du 30 8bre 1752 que Sa Majesté leur a accordé, de même qu'à ce qui leur a été enjoint par notre décret susdésigné, en exécution d'icelles.

NOUS déclarons que les susdits supplians sont dans le cas de jouir de la liberté accordée par lesdittes patentes d'extraire hors des Etats de Savoye la susditte quantité de charbons qui se trouve actuellement en fond audit Arache, et en conséquence nous leur permettons d'effectuer laditte extraction par terre tant seulement et par les routes accoutumés, et moyennant qu'à mesure qu'ils les extrairont ils en concignent la quantité au sieur receveur de la douane de Sa Majesté à Carouge ou autres receveurs, sans aucun fraix des endroits où l'extraction pourra être faitte aussi par terre, à l'effet de quoi les supplians leur communiqueront la présente pour qu'ils s'y conforment et tiennent notte de la quantité desdits charbons qui seront extraits.

Chambéry le 24 avril 1758

       signé Capris de Castellamont

Cependant, la première Société, fondée par Mme de Warens, fonctionnait toujours, car les Archives départementales de la Savoie possèdent, à la même époque, les Lettres patentes par lesquelles le roi Charles-Emmanuel III accordait l'exemption des droits d'aubaine aux membres de la Compagnie des mines de la haute Maurienne et à tous les employés et ouvriers étrangers qui y étaient attachés. Ce document est surtout remarquable, parce qu'il donne l'état complet du personnel étranger de la Compagnie :

7 Avril 1758

Lettres patentes de M^r le chevalier Camille Perrichon, de Lyon.

Par ces lettres-patentes, le roi Charles-Enmanuel III accorde l'exemption du droit d'aubaine au chevalier Camille Perrichon, de la ville de Lyon, principal intéressé aux minières de la Haute-Maurienne, à ses héritiers ou ayant cause et aux autres intéressés actuels ou à venir dans la Compagnie ; ainsi qu'aux directeurs, commis, employés et ouvriers, travaillant actuellement ou qui travailleront à l'avenir pour l'avantage de ladite Compagnie, auxdites minières.

NOTTE DES ÉTRANGERS

actuellement intéressés, employés et ouvriers travaillant aux minières de la haute Maurienne, présentée à la Royale Chambre des Comptes, en conformité des Lettres pattentes de Sa Majesté du 7 avril dernier pour la loy d'aubaine

Camille Perrichon, chevalier de l'Ordre du Roy, conseiller d'Etat ordinaire, ancien prévost des marchands et commandant de la ville de Lyon, principal intéressè.

François Perraud La Branche, conseiller du Roy Membre de l'Université de Paris, cessionnaire et associé aux mines situées dans la paroisse de Bramans.

Etienne Durand, commis, natif de Mont Carrat en Dauphiné.

Thomas huieling, natif de Fielberg, province de Deux-Ponts ;

Frédéric Kraous, caporal mineur, saxon ;
Godlip Pennot, id, mineur ;
Godlip Vogt, id ;
David Vogt, id ;
Jean Repail, mineur, Tirolien ;
Paul Tessonster, id ;
Antoine Bourga, id ;
Jean Bourga, id ;

Joseph Bergner, id ;
Ignace Berlioz, id ;
Jean Bessay, mineur, Forisien ;
Joseph Canova, charbonier, Milanois ;
Dominique Jengana, id ;

Je soussigné, Joseph Thorin, de la paroisse de Chesne, en qualité de directeur des mines de la haute Maurienne, dépendant de M. Perrichon, déclare que tous les susnommés sont actuellement employés aux travaux desdites minières. En foy de quoy j'ai signé la présente notte, par ordre dudit M. Perrichon.

Chambéry le 16 juillet 1758.

Signé Thorin, directeur.

De son côté, Mme de Warens, pauvre au point de ne pouvoir disposer d'un écu, écrivait encore au baron d'Angeville :

Ce 21 septembre 1758 Nezin.

Monsieur

Je n'ay put me résoudre mon cher Baron, d'avoir lhoneur de vous ecrire, que je neu enfin quelque chose de terminez, cependent comme il faudroits des volume pour vous instruire par écri des avantures quil mariven, aux sujets de ma peauvre fabrique de terraillies, qui me donent pour le moins autent de peines que le fameux donquichotte de la menche, en eprouvat autre foy dens sa montagne noire, pour vous mètre tout a coup aux fets de toutes ces choses, je prends la resolution des que je pouray avoir un ecus a ma dispositions, de vous envoier mon embassadeur, qui vous expliqueras le tout, et vous vairez mon tres cher Baron par preuve, que bien loins que votre stille sinseire mèloigne de vous, que je vous suis sinseirement atachees pour le reste de ma vie et vous en vairez des preuvent, lorsque mon embassadeur auras lhoneur de vous faire sa reverance ce qui seras le plus tot quil me seras possible, par la raison que je vous ait expliques cy dessus prenez un moment de patience, je vous prie, et conservez moy vôtre chère amitié, ne doutes james de la sinserites de la mienes et me croirè jusques aux trèpas avec un entier dévouements et la plus respectueuse considérations

Monsieur et tres cher Baron
Votre tres humble et tres obeissente servante
La Barone De Warens De La Tour.
Chambery
ce 21 7bre
1758

Mr Danel vous présente ces très humbles obeissence et remersiements de lhoneur de votre souvenir.

En publiant ce document dans sa *Note sur Madame de Warens*, Jacques Replat fait remarquer que cette lettre a, comme suscription, la même adresse que celle du 15 octobre 1756 ; il ajoute. « Cette fois, madame de Warens n'a pas scellé de son cachet aristocratique, de son grand cachet d'homme-d'affaires ; mais elle a mis un tout petit cachet qui représente un discret amour. le doigt sur la bouche, et entouré de cette devise : *Muto non sicco* (muet, mais toujours tendre).

« Au bas de la lettre du 15 octobre 1756 et de celle de 21 septembre 1758, où dominent les sentiments religieux et graves, ce petit cachet avec sa devise ne complète-t-il pas madame de Warens ? Il montre bien ce qu'elle était : à la fois pieuse et légère. Et ce cachet mignon n'est-il pas un argument pour notre adage de tout à l'heure : « La vieillesse n'est permise qu'aux hommes ? »

Replat fait ensuite, au sujet du postscriptum de la lettre du 21 septembre 1758, une série de conjectures, sans portée depuis la publication que fit M. de Saint-Genis, en 1869, dans son Histoire de Savoie, de l'acte mortuaire de Claude Anet, enterré à Chambéry le 14 mars 1734. Dans son livre *Les Charmettes*, Arsène Houssaye cite en note, page 264, un billet sans date de Mme de Warens « qui prouve, dit le spirituel écrivain, une fois de plus sa folie pour les simples » :

Cy Monsieur le Baron vouloit ce donner la peine de livrer une copie de ce manuscrit pendant un jour que M. Danel aura l'honneur de rester au près du luy ; et de sinformer a Annecy combien il en couterois pour en faire imprimer deux cent exemplaire en bon caractère de saint-ogustin et bon papie, je lui serois fort oblige de mendoner réponse ; je trouve que cela conviendrois bien mieu d'être donez aux public que les orviétan et il y aurois plus d'honneur et de profit à ce remède, que je recommande à la protection de mon sieur le baron Daneville et il obligeras sa très humble servante,

La baronne De Warens De La Tour.

Ces quelques lignes paraissent compléter la missive du 21 septembre 1758, par l'exécution de la promesse que la baronne y avait faite, au destinataire, de lui envoyer son *embassadeur*. Quoi qu'il en soit, Mme de Warens écrivait encore, dès les premiers jours de l'année suivante, à son créancier d'Annecy :

A Monsieur Monsieur De Lambert, baron d'Angeville, à La Caille près d'Annecy
A La Caille.

Ce 20ᵉ janvier 1759. Nezin.

Monsieur,

Serait-il possible, mon cher baron, que vous eussiez le courage de continuer votre silence dans cette nouvelle année ? Je vous ai offert mes vœux les plus sincères [à l'] occasion des saintes fêtes de Noël ; je vous les réitère dans ce renouvellement d'année, priant Dieu qu'il lui plaise vous l'accorder des plus heureuses, avec grand nombre d'autres comblées de toutes sortes de bénédictions, et que, dans tout le cours de vos prospérités, que vous ayez la bonté de ne pas oublier entièrement la pauvre veuve qui prie Dieu tous les jours pour vous. Soyez-en, je vous prie, bien persuadé, de même que du parfait attachement et du respect avec lequel j'ai l'honneur d'être

Monsieur et très-cher baron
Votre très humble
et très obéissante servante
La baronne DE WARENS DE LA TOUR.

Le pauvre Mr Danel est comme moi très en peine de votre silence ; il vous prie de vouloir agréer son plus profond respect.»

L'original de cette lettre est à la Bibliothèque de Genève ; en la publiant dans sa remarquable étude, *Jean-Jacques Rousseau et Madame de Warens ; notes sur leur séjour à Annecy d'après des pièces inédites*, Théophile Dufour a dit fort judicieusement : « Elle offre, comme la missive du 21 septembre 1758, un post-scriptum qui mentionne *le pauvre M. Danel*. Replat (qui écrivait en 1855) a pris ce personnage pour Claude Anet, dont on n'avait pas, encore, retrouvé l'acte de décès, comme si Jean-Jacques avait pu inventer de toutes pièces le récit de la mort de l'herboriste ! En réalité, Mme de Warens, qui avait perdu Claude Anet en 1734, a eu à son service, plus de vingt ans après, en 1758 et 1759, un sieur Danel. Est-ce toujours le secrétaire qui, le 15 octobre 1756, se mourait d'un abcès dans la poitrine et venait de recevoir *tous ses sacrements* ?

Est-ce son successeur ? Je l'ignore, mais une chose paraît certaine : c'est en allant aux informations, vers 1785, auprès des vieillards qui avaient connu Mme de Warens et son intérieur, que le médecin Doppet aura appris l'existence de ce Danel, dont on pouvait fort bien se souvenir, surtout s'il avait vraiment survécu à sa maîtresse, et, c'est grâce à la ressemblance fortuite de ces deux noms, *Anet* et *Danel*, qu'il a pu échafauder ses romans, les *Mémoires de Mme de Warens*, les *Mémoires de Claude Anet*, les *Mémoires du chevalier de Courtille*, ces absurdes et plates supercheries qu'on s'étonne de voir encore citées de nos jours. »

Cependant, les démarches que Wintzenried et Mme Warens avaient commencées, au printemps de 1758, pour l'écoulement à Genève du charbon provenant de leur mine d'Arache, — lesquelles avaient abouti à la permission d'exporter 15000 quintaux, mais par voie de terre seulement, — semblaient entrer dans une phase décisive. En effet, le Registre copie des lettres de l'Intendance Générale de Savoie-Genevois, années 1759-1760, conservé aux Archives départementales de la Haute-Savoie, contient le document suivant :

L'Intendant Général, Mr Joseph Capris, comte de Castellamont à M. Passier, Intendant à Annecy,

— Du 9 juillet 1759 —

Madame la baronne de Vuarens de La Tour ayant supplié S. M. de lui accorder la permission de faire descendre par la rivière d'Arve jusqu'à Genève six à sept radeaux chaque année pour le transport à la dite ville, du charbon qu'elle fait exploiter à Araches. Il m'est nécessaire de savoir si ces radeaux pourront flotter sans que l'on ait à faire des ouvrages où sur les bords où dans les fonds, et en quoi ils peuvent consister et qu'elle en seroit la dépense. Comme S. M. avant de se déterminer à accorder la permission dont Elle a été

suppliée, veut être éclairée sur ces faits.
Je m'adresse à vous, M^r, qui connaissez la
dite rivière et savez les éffets que peut
faire le flottement des radeaux en vous
priant de me procurer au plus tôt possible
tous les éclaircissements dont s'agit,
accompagnés de toutes vos réflections sur
cette affaire qui ne saurait être plus déli-
cate. J'ai l'honneur etc.

La même registre contient aussi la réponse que fit l'Intendant :

Monsieur

J'ai eu l'honneur de vous envoyer,
Monsieur, avec ma lettre du 1er octobre
1756, un mémoire assez étendu au sujet
d'une demande de M^r le Baron de Vallé-
rieux, à peu près de même nature que
celle que Madame la Baronne de Warens
De La Tour fait aujourd'huy à S. M., et je
crois que les notices, qu'il renferme pourront suffire pour vous mettre en état de
donner votre avis sur la requête de cette
Dame. Vous observerés en particulier

que les radeaux, pour lesquels elle demande la permission, n'exigent aucun ouvrage à faire sur les bords de la rivière d'Arve ; puisque non seulement le Sr Saddet y en a fait flotter depuis la paroisse d'Arenthon ; mais qu'il en est encore venu clandestinement il y a quelques années depuis le Haut-Faucigny jusques à Genève sur cette rivière.

Ce qui établit sans réplique la possibilité du flottement de ces radeaux, bien loin de porter aucun préjudice à qui que ce soit, servent au contraire à rendre les rivières insensiblement navigables, et à prévenir les dégats, qui suivent ordinairement leurs excrescences causées par la fonte des neiges et de grandes pluyes. En ce que ces radeaux, en heurtant contre les bancs de sable, donnent lieu aux cours de l'eau de s'y insinuer ; et par conséquent d'en débarrasser le lit de ces mêmes rivières.

Si cependant vous souhaitiés quelques informations ultérieures sur cette matière, Je me ferai un plaisir, et un devoir de vous les communiquer aussitôt.

Votre tres humble et tres obéissant serviteur

De Passier

Annecy ce 10 Juillet 1759
Mʳ Le Comte Capris De Castellamont
Chambéry

Mᵐᵉ de Warens descendait alors les derniers échelons de la misère. L'histoire en a la preuve dans le document suivant reproduit, mais en anglais, dans le remarquable ouvrage de Bayle St-John : *The subalpine Kingdom*.

En traduisant le IIIᵉ chapitre du premier volume de cet ouvrage, la Revue britannique de juin 1856, huitième série, 1ʳᵉ année, donne, aux pages 381 et 382, avec les réflexions de l'auteur cité, la substance, d'après le texte anglais, de cette lettre, datée du 10 mars 1760 : « On y voit Mme de Warens, réduite à la plus triste condition, cherchant à vendre l'influence qu'elle possède sur quelques personnages puissants. Nous ne savons à qui elle est adressée. »

Monsieur, suivant le mandat que vous m'avez donné de rechercher les titres dont vous avez besoin pour obtenir, au profit de votre Compagnie, une solution favorable dans l'affaire Lalement, j'ai découvert, grâce à l'aide de mes patrons, un moyen assuré de me procurer en original la pièce que vous savez, si toutefois elle existe encore dans les bureaux du ministère espagnol. Si l'on ne parvenait pas à la découvrir, nous obtiendrions de l'infant D. Philippe un ordre pour le marquis de Lancerade, ou l'intendant Deville, lesquels fourniraient une déclaration authentique certifiant que le document a existé à la date mentionnée dans le mémoire que vous m'avez remis. Voilà ce que je suis prête à faire pour vous, moyennant que vous me procuriez, par le moyen de vos associés de Lyon, une somme de vingt à vingt-cinq louis, devant servir aux dépenses indispensables. Je vous rendrai compte de l'emploi de cette somme. Vous savez que vous pouvez vous fier à moi, ma conduite et ma probité vous sont assez connues, ainsi que mon zèle pour votre service. Si vous voulez que nous réussissions, il se faut hâter, la personne qui doit agir se trouvant sur le point de se rendre auprès de l'infant, etc., etc.

..... Quant à la récompense que vous m'avez promise en cas de succès, je compte bien que vous tiendrez votre parole. Je ferai tout au monde pour mener l'affaire à bien. Mais si vous ne m'envoyez pas immédiatement le petit secours que je vous demande, rien ne peut réussir. Rien ne sort de rien.

La baronne DE WARENS DE LA TOUR.

« Le sentiment d'une nécessité pressante a pu seul dicter ces lignes, qui sans doute furent écrites la rougeur au front», ajoute Bayle St-John. Cet écrivain, s'exprimant il y a près de trente-cinq ans, formulait, dès lors, un jugement remarquablement pondéré sur la baronne, dans l'ensemble du IIIe chapitre, qu'il lui consacrait, au premier volume de son ouvrage, auquel tout critique, s'intéressant à Jean-

Jacques, devra toujours se reporter quelque peu, pour échapper aux absurdes déductions du rigorisme puritain.

Cependant il était écrit que Mme de Warens ne sortirait jamais de l'engrenage des affaires. Le croirait-on ? peu de temps après avoir commis la lettre du 10 mars 1760, la baronne rachète, d'un sieur Chardon, une part d'associé dans ses entreprises et abandonne, en paiement, des quartiers de la pension que lui faisait le roi de Sardaigne ! L'acte figure, en ces termes, au 2me volume de 1760, folio 173, des registres du Tabellion de Chambéry :

RETROCESSION
pour la dame baronne de Warens de La Tour, par le sieur Antoine Chardon, né, bourgeois, et habitant de Chambéry, portant la somme de L. 1179. 18. 2.

L'an mille sept cent soixante, et le vingt huict du moisde may, à Chambéry, à deux heures après midy, au feaubourg de Nezin, dans la maison ou habite la dame baronne de Warens de La Tour : parde-

vant moi nottaire royal collégié soussigné, et présents les témoins bas nommés,
s'est en personne établi et constitué le
sieur Antoine fils à feu humbert Chardon, né, bourgeois et habitant de la présente ville ; lequel de gré pour luy et les
siens, recède, quitte, remet, transporte, et
retrocède à dame Françoise Louise Eléonore, fille de feu noble Jean Baptiste de
La Tour, baron d'empire, épouse de feu
Isaac Sébastien de Warens, native de
Vevay païs de veau en Suisse canton de
Berne, habitante dudit Chambéry, ici
présente et acceptante pour elle et les
siens, à scavoir généralement tous les mêmes droits et prérogatives qui luy ont
été faittes, et au sieur Claude Vidal son
associé par feu spectable Jean Charles
Perrin, par contract passé entre eux le
septième aoust mille sept cent cinquante
sept, receu par je nottaire soussigné, icellui dérivant d'un autre contract portant
département en faveur de ladite dame
baronne de Warens, par ledit feu sieur
Perrin, du huictième mars mille sept cent

cinquante quatre, receu de même par je dis nottaire soussigné, à la teneur desquels les parties se raportent pour la généralité des choses rétroceddées, tout comme si par le présent ils étoient répétés de mot à mot, et sous les mêmes clauses y contenues, ceddant le dit sieur Chardon par exprès à la ditte dame baronne de Warens toutes antériorités de dattes, primauté d'hypothèque, nature, privillège de créances et clauses de constitut derivants d'yceux, La met et subroge en son propre lieu, droit, et place, la constitue pour sa procuratrice speciale et générale, avec pouvoir de constituer et substituer, sous toute due élection de domicile, tant pour agir que pour exciper, ainsi et comme elle verra à faire, néanmoins contre tous autres, que contre le dit ceddant, le présent transport, et rétrocession faitte de la part dudit sieur ceddant à laditte dame baronne de Warens, pour, et moyenant le prix, et somme d'onze cent septante neuf livres dix huict sols deux deniers, eue et reçue réellement laditte somme par ledit sieur Chardon, en la remission que luy a fait laditte dame baronne de Warens, de partie de ses quartiers à prendre sur la thrésorerie générale de cette ville, provenant de la pension viagère que Sa Majesté luy a fait, jusques à concurrance de laditte somme d'onze cent septante neuf livres dix huict sols deux deniers, et suivant le compte amiablement fait entre lesdittes parties, en la présence dudit Vidal associé pour lors dudit sieur Chardon, ainsi qu'icelles parties le déclarent, en présence de moi dit nottaire, et témoins, icellui compte arrêtté sous la datte du dix neuf mars mille sept cent cinquante huict, à laquelle somme d'onze cent septante neuf livres dix huict sols deux deniers, le capital et intérêts, de même que la facture du contract du septième aoust mille sept cent cinquante sept a été réduit, jusqu'à ce jour ; et comme bien content, et satisfait ledit sieur Chardon, tant à son nom qu'au nom dudit sieur Vidal d'ici absent, en quitte et libère laditte dame baronne de

Warens, avec promesse de n'en plus jamais rien demander ny rechercher, en jugement ny dehors, aux peines que cy après, et en signe de vrai acquittement et libération, ledit sieur Chardon a manuellement remis à laditte dame baronne de Warens, les sus indiqués contracts, sur lesquels il a été annotté par moi dit nottaire soussigné, qu'au moyen du présent ils se trouvent duement solvittés, et ce ont fait lesdittes parties par mutuelle et réciproque stipulation et acceptation, ont promis et promettent inviolablement exécuter le présent, ny d'y venir au contraire, directement ny indirectement, aux peines respectives de tous dépens, dommages, intérêts, à l'obligation réciproque de tous et un chacun leurs biens présents et avenirs, avec constitution d'yceux, et autres clauses requises de droit, fait, et prononcé audit lieu, les an, jour, et heure que dessus, en présence de M⁰ Louis Sognoz, procureur au sénat, et de M⁰ Jean Danel, tous deux habitants de la présente ville, témoins requis, lesquels avec lesdittes parties ont signés sur la minutte de je nottaire soussigné, de ce recevant requis, contenant le présent et par moi écrit, y compris mon verbal, et signature deux pages et demi, que j'ai levé pour le tabellion, après due collation faitte sur maditte minutte.

Signé Cagnon, notaire.

Il y a plus fort. L'année suivante Mme de Warens passait un nouvel acte par lequel *noble* de Courtilles lui vendait tous les droits résultant, pour lui, des privilèges qui leur avaient été accordés, conjointement, dans les Patentes royales du 30 octobre 1752. Wintzenried cédait, en outre, tout ce qui pouvait lui revenir ou lui être dû, comme actionnaire de la société qu'ils avaient formée pour l'exploitation de leurs privilèges. Pour prix de cette cession complète, Mme de Warens *promettait* de payer 1,355 livres, par annuités de 150 l., à prendre, à partir du 23 avril 1762, sur la pension qui lui avait été léguée par Mgr de Rossillon de Bernex, et, d'autre part, par un versement annuel de 100 livres. Le sieur de Courtilles abandonnait ce qui pouvait lui être dû, pour avoir dirigé les travaux de mines, en Tarentaise, du 28 octobre 1753 au 24 juillet 1754 ; il remettait ses comptes de recettes et dépenses, ainsi que le *Livre des délibérations de la Société*, tenu par lui. Voici l'acte probant, tel qu'il est inséré, folio 182, au deuxième volume, année 1761, des registres du Tabellion de Chambéry :

VENTE

en faveur de dame Françoise Louise Eléonore de Latour, baronne de Warens, par noble Jean Samuel Rodolphe Wintzindried de Courtille portant en capital la somme de L. 1355.

L'an mille sept cent soixante un, et le huictième may, à Chambéry, au feaubourg de Nezin de la présente ville, dans la maison d'habitation de la dame baronne de Warens, sur les trois heures après midy, pardevant moi notaire royal collégié soussigné, et présents les témoins bas nommés, s'est personnellement établi, et constitué noble Jean Samuel Rodolphe de Courtille, natif de Courtilles, païs de Veaux, canton de Berne en Suisse, résidant en la présente ville, lequel de gré, pour lui et les siens, vend, cedde, quitte, remet, transporte, et abandonne, purement et simplement, de la meilleure manière que faire se peut, de droit, à laditte dame Françoise Louise Eléonore, fille de feu noble Jean-Baptiste de La Tour, baronne de Warens, native de Vevay en Suisse, aussi résidente de cette ville, icy présente et acceptante, pour elle et les siens, à sçavoir tout le droit appartenant audit noble vendeur en conséquence des privillèges par lui obtenus, conjointement avec laditte dame achepteuse, concernant la recherche, et excavation des minières de charbon de pierre, de terre, soit houllie, rière toutes les provinces de Savoye, comme se voit des privillèges à eux accordés par Sa Majesté le Roy de Sardaigne, sous la datte du trente octobre mille sept cent cinquante deux, en un mot ledit noble vendeur vend, cedde, remet, quitte, trans porte, abandonne et relâche à laditte dame baronne de Warens, la généralité de tous ces mêmes droits, en quoy qu'ils consistent, et puissent consister, portés par contract qu'il a passé le onzième décembre mille sept cent cinquante cinq Daviet notaire avec le sieur Simon fils de sieur Pierre Bérard de Genève, agissant tant à son nom, qu'à cellui desdits sieurs Pierre Bérard et fils, voulant lesdittes parties, et entendant que ledit contract fasse corps au présent, tout comme si son contenu étoit répété de mot à mot au sujet de laditte vente, cession et relachement des droits cy dessus ceddés, eu égard que ledit sieur Bérard ne s'est exécuté dans le tems en ce qui pouvoit le concerner, a teneur dudit contract, et en outre ledit noble de Cortilles, vend, cedde quitte et remet à ladite dame, tous droits et fonds à lui appartenants dans laditte compagnie, sans s'y rien réserver, ainsi et de la même manière qu'est stipulé dans le susdésigné contract de vente, de même que tout ce qui peut lui être deub, à l'encontre de laditte compagnie, suivant l'état de recepte et dépenses qu'il a faittes par la recherche et excavation desdittes mines de charbon en Tarentaise, commencé le vingt huit octobre mille sept cent cent cinquante trois, et qui a finit au vingt quatre julliet mille sept cent cinquante quatre, lesquels comptes de recepte et dépenses ont étés approuvés et signés, le onzième décembre mille sept cent cinquante cinq, par la ditte dame baronne de Warens, et par lesdits sieurs Pierre Bérard, et fils, at lesquels comptes le dit noble de Courtilles et manuellement remis à ladite dame baronne de Warens, au vu de moi notaire et témoins, de même que le livre de délibérations par lui tenû, concernant la société contractée entre eux, occasion desdittes minières, ensemble les originaux des privillèges accordés par Sa Majesté, avec encore le susdit contract de vente fait audit Bérard, le onze décembre mille sept cent cinquante cinq Daviet notaire, de tous lesquels droits laditte dame pourra en exciper, et exp.... contre qui elle verra à faire desdits associés, néamoins contre tous autres, que contre son cèdant, ledit noble de Courtilles mettant et colloquant laditte dame, en son proprie lieu, droit, et place, la constituant pour sa procuratrice spéciale et générale, avec pouvoir de constituer, et substituer, sous due élection de domicile, et sans dérogation à la cession cy devant, la présente vente, cession, relachement, transport et abandon, fait pour et moyenant le prix et somme de treize cent cinquante cinq livres, que laditte dame promet payer audit sieur decourtilles, comme sera cy-après expliqué, premièrement en l'assignation de la somme de cent cinquante livres, qu'elle luy donne à prendre chaque année, envers le fermier du seigneur doyen de Mont St Jean pour une pention viagère à elle due, et léguée par monsieur de Rossillon de Bernex, évèque, et prince de Genève, affectée sur la terre de Sallonge, à commencer le premier payement, le vingt trois avril mille sept cent soixante deux, et en la promesse que fait encore laditte dame audit noble decourtilles de luy compter aussi chaque année la somme de cent livres de Savoye, dont le premier payement écherra aussi le susdit jour vingt trois avril de l'année prochaine, et répartitement d'année en année, jusqu'à extinction et final payement de la ditte somme de treize cent cinquante cinq livres, néanmoins sans intérest pendant tout ledit tems, et pour que ledit noble de Courtilles puisse retirer chaque année du fermier de Sallonge laditte somme de cent cinquante livres donné en assignation, et pour en poursuivre l'exaction, laditte dame lui a laissé la même procure qu'elle lui avoit passé le vingt un aoust mille sept cent cinquante quatre reçue Pétroz notaire, avec liberté néanmoins de se servir de tel procureur que bon lui semblera, en déclarant encore laditte dame que le dit noble de Cortilles lui a fait un

compte exact peu auparavant le présent de
la gestion qu'il at eu occasion de ladite
procure, le tenant pour duement libéré
par la promesse qu'il fait de remettre à
laditte dame la quittance du Boulanger
dont est parlé dans ycelle, et au moyen de
laditte promesse et de l'effectuation des
engagements portés par le présent, de la
part de laditte dame baronne de Warens,
ledit noble decourtilles en étant bien content, et satisfait, la quitte et libère des à
présent comme pour lors. de laditte somme de treize cent cinquante cinq livres,
prix de la ditte cession, avec promesse de
n'en plus jamais rien demander, ny rechercher en jugement ny dehors aux
peines que cy après ; promettant aussi de
son costé laditte dame de relever des à présent ledit noble de courtilles envers ses dits
associés, de tous engagements généralement quelconques qu'il pourroit avoir
prit, tant par écrit de main privé, public,
qu'autrement, et de quelle manière que ce
soit, aussi de tout le passé jusqu'à cejourdhuy, occasion de leur ditte société, et de

le relever des à présent, ainsi qu'elle le
relève des à présent, ainsi qu'elle le
relève de toute molestie qui pourroit lui
être faitte à l'avenir aussi aux mêmes
peines que cy après ; étant convenu en
outre entre lesdittes parties que laditte
dame ne pourra point donner aucun mandat à qui que ce soit sur le fermier de
laditte terre de Sallonge, qu'au préalable
ledit sieur de Courtilles ne soit payé de la
somme capitale cy dessus, à defaut de
quoy lesdits mandats seront censés comme
non faits, et de nulle valleur, et ce ont fait
lesdittes parties par mutuelle et réciproque
stipulation, et acceptation, ont promis, et
promettent observer tout le contenu au
présent, chacune en ce qui la concerne,
aux peines respectives de tous dépens,
dommages, interêts, à l'obligation, et
constitution réciproque de tous et un chacun leurs biens présents et avenirs, qu'à
ces fins elles se constituent respectivement
tenir, et sous toutes autres dues promesses,
soumissions, renonciation et autres clauses
requises de droit, fait et prononcé audit

lieu, les an, jour et heure que dessus, en présence du sieur Jean Danel, ancien citoyen de la ville de Genève, et du sieur Pierre de Sale marchand épicier tous deux habitants de la présente ville, témoins requis, lesquels avec lesdittes parties ont signés au bas de ma minutte, contenant le présent sur ycelle, et par moi écrit y compris mon verbal, et signature cinq pages, Levé et expédié ponr le tabellion, après due collation faitte sur ycelle, quoique par autre soit levé. Ainsi est.

Signé Cagnon, notaire.

Ainsi, la conclusion, à tirer de ce document, est lumineuse comme le jour. Engagé de rester à Chambéry par la baronne, dès 1737, c'est-à-dire, à l'époque même où elle s'associait au fameux Mathieu Casse de la paroisse d'Orelle ; investi en 1751 de sa procuration spéciale et générale, Wintzenried a dominé la vie de Mme de Warens au point que le dernier acte notarié de la pauvre femme sera passé en sa faveur et que, surprise par la mort, elle restera insolvable à l'égard de son acolyte. Rousseau n'est donc *aucunement responsable*, ni de la direction que Mme de Warens donnait à sa vie après son départ, ni des tracas sans nombre qui assaillirent l'âge mûr et la vieillesse de la baronne. La mémoire du grand écrivain est enfin lavée, au tribunal de l'Histoire, de tous les reproches dont les phraseurs l'ont accablée, jusqu'à nos jours.

Mme de Warens avait loué, par assencement privé, le 20 mai 1756, du sieur Flandin, le petit logement qu'elle occupait à Nezin ; le 15 avril 1761, elle passait un nouveau bail, partant du 1er juillet suivant, au loyer annuel de 125 livres, avec le notaire Claude Crépine, acquéreur de l'immeuble. Le 29 juillet 1762, à dix heures du soir, elle mourait dans cette maison, qui existe encore. Le dénûment de la baronne était tel que le genevois Jean Danel, son homme d'affaires, qui vivait auprès d'elle, dut faire l'avance des frais d'enterrement.

APRÈS LA MORT

DE

MADAME DE WARENS

APRÈS LA MORT
DE
MADAME DE WARENS

La cote de la maison mortuaire de Mme de Warens figure, parmi les propriétés de Charles Flandrin, au Cadastre général — 1738 — de l'ancienne commune de Pugnet La Croix-Rouge, dont le territoire fait, aujourd'hui, partie de la commune de Chambéry. Les biens de Charles Flandrin étaient devenus, avant 1761, la propriété de Claude Crépine, dont le fils les vendit, en 1813, aux frères Benoît. D'après les données du Cadastre général, conservé aux Archives départementales de la Savoie, — Série C. N° 3695, — la dernière maison qu'habita l'amie de Jean-Jacques, ici-bas, porte, de nos jours, *le N° 66*, et non 56 comme je l'indiquais dans *La conversion de Mme de Warens*.

Cette maison joua un certain rôle dans la succession de la célèbre baronne qui, le croirait-on, ne fut liquidée qu'en 1776.

Déterminons toutes les phases de cette singulière affaire.

Dès le mois, qui suivit le décès de Mme de Warens, Jean Danel demanda la gratification de l'*aubaine* de la morte. En effet, le registre des minutes de lettres de l'Intendant général de Savoie, 1760-1765, conservé aux Archives départementales de la Savoie, — Série C. N° 132, — contient, à la date des 28 août et 17 novembre 1762, les deux lettres suivantes de l'Intendant général de Savoie, le comte Capris de Castellamont, à M. Mazé (qualifié, dans d'autres titres des Archives départementales, « Officier du bureau des Affaires Internes, à Turin »), au sujet des meubles de peu de valeur laissés, à son décès, par Mme de Warens :

Du 28 aoust 1762

M. Mazé. — Je prendrai les connoissances nécessaires sur la supplique de

Jean Danel de Genève, habitant à Chambéry que j'ai reçu jointe à la lettre dont vous m'avés honoré, Monsieur, le 25 de ce mois, au sujet de la gratification qu'il demande de l'aubeine de feue Madame la barronne de Warens pour vous la restituer accompagnée de ma relation, mais je prevois déjà que les dettes qu'elle a laissé absorberont et au delà le peu de meubles qu'elle avoit.

Du 17 novembre

M. Mazé. — En accusant la réception de la lettre que vous avés addressé à M. le Subdélégué Masson le 13 de ce mois, qui ne me fournit aucun sujet de réponse, j'ai en même tems l'honneur de vous restituer cy inclus, Monsieur, la supplique de Jean Danet de Genève, qui me parvint dans celle du 25 aoust dernier, au sujet de l'aubeine de feue Madame la baronne de Warens.

Comm'après son décès je fis à toutes bonnes fins cachetter la chambre dans laquelle le peu de meubles par elle délaissés étoient renfermés, et que j'en fis ensuite dresser l'inventaire, j'en addressai les verbaux à M^r le Procureur général du Roy, par lettre du 11 7bre dernier.

J'eus l'honneur de vous prévenir, Monsieur, par la mienne du 28 aoust précédent, que je prévoyois bien que les dettes qu'elle avoit laissé absorberoient au delà le peu de meubles qu'elle avoit. J'en préviens également M^r le procureur général. et c'est naturellement par cette raison et celle du peu de valeur d'iceux qu'il n'a pas cru devoir m'accuser la réception de ces verbaux, ni me rien mander à cet égard, ou peut-être ses occupations ne lui en ont pas donné le tems.

Si vous jugez à propos, Monsieur de lui en parler, vous serés à même de voir ce qu'en conséquence il conviendra de faire, relativement au contenu en ladite supplique.

J'ai etc.

Ces minutes ne sont pas signées par l'Intendant général de Chambéry, qui, dès le 3 septembre, rendait l'ordonnance suivante, conservée aux Archives départementales de la Savoie, — C. 62, — par laquelle il prescrivait la rédaction d'un inventaire des meubles et effets délaissés par Madame de Warens qui tombait, en sa qualité d'étrangère, sous l'application de la loi d'aubaine :

Du 3ème 7bre 1762

Ordre à Mre Ruffard, greffier

Ayant été informé que dem^{elle} Eléonore de Varens barone de La Tour est décèdée en cette ville ab intestat et étant du service d'empêcher que les meubles et effets qu'elle a délaissé ne s'écartent pas, nous commettons à touttes bonnes fins Mre Ruffard greffier de cette intendance générale pour procéder à l'inventaire d'iceux et pour en établir gardiateur Claude Danet qui étoit au service de ladite feu dem^{elle} et qui occupe encore le logement qu'elle avoit chargons ledit Mre Ruffard de dresser verbal de ce que dessus pour nous être rapporté et en faire usage suivant que besoin sera

A Chambéry le 3 7bre 1762.

Ruffard fit l'inventaire, qu'il lui était commandé, le jour même et le lendemainde l'ordonnance ; ce document, dressé et signé le 11 septembre, n'a pu être retrouvé aux Archives départementales de la Savoie. Après de longues recherches, le Surintendant des Archives Piémontaises, Bollati di St Pierre, écrivait, de Turin, le 4 mars 1889, au sujet de ce même inventaire, à l'Archiviste de la Savoie :

« Ni dans les registres des Délégations, qui embrassent la longue période de 1752 à 1789, ni dans les procès, suivis en Savoie, pour l'application de la loi d'aubaine qui se terminent à l'année 1778, ni dans les documents de la Chambre des Comptes, pour la région savoisienne, on n'a pu trouver aucune trace de l'inventaire, qui a été fait le 3 septembre 1762, des meubles et effets délaissés, en mourant, par la baronne Louise-Eléonore de La Tour de Warens.

La seule pièce, ayant trait à cet inventaire, est un recours au Roi, d'un nommé Claude Crépine, notaire, propriétaire de le maison tenue à bail par Mme de Warens, qui demande qu'on lui paie les arrérages de son loyer, et qu'on lui rende sa maison disponible, en vendant les meubles et effets qui avaient été inventoriés.

A ce recours sont annexés, en copie, le décret de l'Intendant général en Savoie, du 3 septembre 1762, qui ordonne le rédaction de l'inventaire ; un autre décret du même intendant général, en date du 22 juillet 1768, exigeant le transport, au bureau de l'Intendance générale, de tous les objets inventoriés, et enfin un procès-verbal de « Revêtissement d'inventaire » du 27 juillet 1768, qui fut fait à l'occasion de ce transfert. Ce dernier présente quelques particularités sur le contenu de l'inventaire du 3 septembre 1762. »

Le présent chapitre contient, plus loin, le texte in-extenso des pièces désignées dans cette lettre. Pour en finir incidemment, le registre des minutes de lettres de l'Intendant général de Savoie, conservé aux Archives départementales de la Savoie. — Série C. N° 132, — donne la minute, non signée, d'une autre lettre du comte Capris de Castellamont, informant le Procureur général du Sénat qu'il a fait apposer les scellés sur les meubles trouvés chez Mme de Warens, à son décès :

11 septembre 1762.

M. Bréal. — Ainsi que je vous l'avois précédemment annoncé, j'ai l'honneur de vous transmettre cy inclus, Monsieur, les verbaux de cachettement des maisons qu'occupoit dem^lle Marie Laurent, veuve de feu spectable Claude Morel, en qualité d'usufructuaire, tant rière cette ville de Chambéry que rière la parroisse du Vivier.

Je joins en même tems icy les verbaux *soint* (sic) inventaire des effets délaissés par Madame Eléonore Louise Françoise de La Tour, en son vivant épouse de Mʳ le baron de Warens native de Vevey, canton de Berne en Suisse.

Je dois à cet égard vous prévenir. Monsieur, ainsi que vous le verres par ledit inventaire, qu'elle a laissé peu de meubles, ils sont même d'une petite valeur et infiniment au dessous des dettes qu'elle a laissé.

Il est vrai qu'elle avoit obtenu de Sa Majesté une concession pour l'exploitation des minières de charbons de pierre et de terre rière la parroisse d'Arache en Faucigny par patentes du 3 octobre *1762* (sic) mais j'ai été informé que tant elle que ses trois associés l'ont presque abandonné par infructuosité de travail.

J'ai etc.

Puis, merveille des merveilles, les meubles et effets de Mᵐᵉ de Warens restèrent, jusqu'en 1768, sous la garde de Jean Danel, en attendant que le roi de Sardaigne mît fin, en 1776, à la situation imposée à Crépine, en ordonnant de l'indemniser.

Rousseau n'avait appris la mort de sa pauvre maman qu'en 1762, par son ancien ami des Charmettes, M. de Conzié :

« Vous voulez que je vous parle de notre digne amie la baronne de Warens : je vous dirai qu'elle est actuellement heureuse, puisqu'elle a quitté ce bas monde, où elle vivait accablée de maladie, de misère. J'ai toujours respecté cette aimable femme, surtout depuis l'aveu confident qu'elle me fit des motifs qu'elle avait de ne vouloir partager son cœur avec d'autres qu'avec vous, mon cher Rousseau.

« Comme elle est morte quelques jours après mon départ de Chambéry, on m'a informé que nos financiers royaux, sous le prétexte d'aubaine, avaient fait cacheter sa cabane ; mais leur cupidité aura resté peu assouvie, puisqu'ils n'auront trouvé chez elle que des témoignages de piété, et des preuves de sa misérable situation. »

Jean-Jacques reçut ces lignes à Môtiers, en octobre 1762, quelques mois avant que, dans son écœurement, il n'abdiquât à perpétuité son droit de bourgeoisie et de cité dans la ville et république de Genève. Que de souvenirs se réveillèrent, alors, dans son cœur, au souvenir de son amie ! « Craignant de contrister son cœur par le récit de mes désastres, dit-il au Livre XII des *Confessions*, je ne lui avois point écrit depuis mon arrivée en Suisse ; mais j'écrivis à M. de Conzié pour m'informer d'elle, et ce fut lui qui m'apprit qu'elle avoit cessé de soulager ceux qui souffroient, et de souffrir elle-même... Allez, âme douce et bienfaisante, auprès des Fénelon, des Bernex, des Catinat, et de ceux qui, dans un état plus humble, ont ouvert comme eux leurs cœurs à la charité véritable ; allez goûter le fruit de la vôtre, et préparer à votre élève la place qu'il espère un jour occuper près de vous ! Heureuse, dans vos infortunes, que le ciel en les terminant vous ait épargné le cruel spectacle des siennes ! »

Peut-être le cher souvenir de Mme de

Warens ne fut-il pas étranger au projet, que Rousseau semble avoir caressé, à cette époque, de finir ses jours en Savoie. Il avait pensé visiter M. de Conzié, dans sa paisible solitude des Charmettes, au courant de l'été 1763 ; peu après, il lui adressait la lettre suivante, dont la copie, conservée à la Bibliothèque de Chambéry, a été publiée par Gustave Vallier, en 1883, dans le tome XXVI du *Bulletin de l'Institut National Genevois* :

A Motier le 7 décembre 1763.

je voudrois, mon cher Comte, voire multiplier encore le nombre de mes agresseurs, si chacun de leurs ouvrages me valoit un témoignage de votre souvenir. je reçois avec plaisir et reconnaissance celui que vous me donnez en m'envoyant l'écrit du p. Gerdil. quoiqu'en effet cet écrit me paroisse un peu froid je le trouve assés gentil pour un moine. je vous avoue cependant que je ne partage pas la haute opinion qu'il paroit avoir de sa logique, et je trouve dès sa préface une division incomplette. Car lorsqu'il dit que pour me justifier il faut prouver que je n'ai pas dit ce qu'il m'impute, ou que ce qu'il m'impute est bien dit, il oublie un troisième cas qui rend la justification superflue ; c'est lorsque l'accusateur ne sait ce qu'il dit. —

j'avois chargé Mr de Gauffecours de vous témoigner mon regret de ne pouvoir vous aller voir cet été comme je l'avois résolu. Le commencement de l'hiver m'a jetté dans un état si triste qu'il ne me permet guères de faire des projets pour l'avenir. toutefois si la belle saison me rend les forces que le froid m'ôte, je me propose toujours d'en user pour vous aller voir.

S'il arrivoit que vous vous rapprochassiez du Chablais comme l'année dernière, cela me seroit bien comode, et en ce cas je vous prierai de m'en prévenir. Si vous faisiez quelqu'autre voyage qui vous éloignat de Chambéri, je vous prierai de m'en prévenir aussi : car ne pouvant déterminer d'avance le temps de mon voyage il me seroit bien cruel de l'avoir fait à pure perte et d'aller jusques là sans vous y trouver. Soyez persuadé que rien ne peut ralentir l'ardent désir que j'ai de vous voir et de vous embrasser, il me semble qu'un moment si doux me rendra tous les temps heureux que je regrette, et me fera oublier tous ceux qui m'en ont si tristement séparé. Moi qui suis si désabusé de la vie et qui ne forme plus de projets, je ne puis renoncer à celui là. Après avoir tout comparé je ne trouve point de meilleur peuple que le vôtre ; je voudrois de tout mon cœur passer dans son sein le reste de mes jours, et me mettre de cette manière à portée d'écouter au moins de temps à autre le besoin que mon cœur a de vous.

J. J. Rousseau.

Ce document, communiqué à M. Bise, bibliothécaire, par Mlle Debry de Chambéry, avait déjà été publié dans le *Journal de Savoie*, année 1820, n° 39, page 9.

Certainement Rousseau n'eût pas été

bien tranquille, en Savoie, s'il s'y fût retiré, car le Registre copie des lettres de l'Intendance du Genevois, années 1764-1765, conservé aux Archives départementales de la Haute-Savoie, contient la pièce suivante :

Du 18 Fevrier 1765

A Monsieur Boüer à Genève

Je vous remercie bien, Monsieur, de votre attention à me communiquer dans la lettre que vous avez pris la peine de m'écrire, Monsieur, le 15 de ce mois, la déclaration que le Conseil de la République de Genève a donné conséquement au livre de *Rousseau*, la pièce est complette, et je suis bien charmé d'apprendre qu'elle a mis fins aux mauvaises intentions d'un méchant autheur.

J'ai l'honneur ect.

Les mêmes archives possèdent la lettre du sieur Boüer de Genève, adressée à l'Intendant du Genevois à Annecy :

Monsieur

Vous aurés sans doute été informé,

Monsieur, des mauvaises insinuations que le livre de *Rousseau* et autres brochures ont voulu donner contre les Conseils et principalement contre le Petit Conseil lequel après avoir examiné avec attention le parti qu'il y avoit à prendre, crut devoir porter au Conseil du *Deux Cent* le 4ᵉ de ce mois, la démission de leurs emplois qui fut approuvée dans un premier tour en *deux cent* le 6ᵉ de ce mois et auxquels se joignirent un grand nombre des membres du *Deux Cent* pour suivre leur exemple. Si les cytoyens et Bourgeois ne venoient reconnoitre que le Conseil étoit une assemblée de bons et fidèles magistrats, les cytoyens et bourgeois effrayés avec raison d'une telle démarche vinrent en foule et au nombre de plus de mille assurer Mʳˢ les Sindics qu'ils honnoroient le Conseil ect.

Ainsi le Conseil pour constater toutte son indignation contre le livre de *Rousseau* et autres brochures, a donné hier la déclaration ci-jointe comme est telle que les circonstances peuvent l'exiger. Je me fais un plaisir, Monsieur, de vous la communiquer comme une marque de mon respect et de mon attachement. Ayant l'honneur d'être avec beaucoup de considération, Monsieur,

    Votre très humble et très obéissant serviteur

                    Joseph Boüer

Genève 15 fevrier 1765

Wintzenried, de son côté, au début de cette année même, semble avoir été, de nouveau, à la recherche d'une position sociale, car il est fort question de lui dans une missive de l'intendant Tarraglio, premier officier du bureau général des finances. Cette pièce, extraite de la correspondance de ce dernier, conservée aux Archives départementales de la Haute-Savoie, a déjà été publiée, en 1878, par Théophile Dufour, dans son excellente étude : *Jean-Jacques Rousseau et Madame de Warens ; notes sur leur séjour à Annecy.* « Cette lettre, dit Dufour, semble être arrivée trop tard, car, dès le 28 janvier

1765, à Turin, on nommait trésorier du Faucigny Joseph-Thérèse Jacquier ; il est probable que l'idée d'un économe fut abandonnée. »

1765 le 9 Fevrier

Apres avoir fait proceder à la description, saisie et sequestre des meubles, biens et effets appartenants à feu Mr François Perrin Senateur au Sénat de Savoie et à Mr Charle Perrin substitut avocat fiscal général au même Sénat, fils et héritier de feu Noble Joseph Perrin cautions du sieur Charle Perrin leur frère et ci-devant Trésorier de la province de Faucigny, Je n'ay pas manqué de faire pendant longtemps les recherches les plus empressées pour y établir un économe, mais malgré les plus vives invitations et sollicitations faites et réitérées à plusieurs, toutes ces diligences ont été infructueuses, personne n'ayant voulu accepter cet œconomat.

Ne sachant plus ou me tourner j'ay jetté les yeux sur le sieur *De Curtilles,* que j'avois député pour Inspecteur aux travaux du Cujer (?), et lui en ayant fait la proposition, il m'a repondu qu'il accepteroit cette commission, et qu'il se donneroit tous les soins pour la remplir exactement, mais étant étranger et ne possédant aucuns biens il n'étoit pas dans le cas de donner une caution.

Le dit Sieur *De Curtilles* est Suisse d'origine, il a embrassé la religion catholique, il habite en Savoye depuis environ 25 ans ou il s'est marié, et n'a point d'enfans ; S. M. lui fait payer chaque année de sa cassete secrète la somme de 1300 : livres pour l'ayder à subsister et c'est par ses ordres que de tems à autre je luy ay donné de l'occupation dans les différentes inspections pour les réparations des chemins, luy ayant toujours connu de l'activité et une conduite sans le moindre reproche.

Quoique par le tableau que je viens de vous faire du dit S* *De Curtilles*, j'aye lieu d'être persuadé qu'il s'acquittera bien de cette commission pour le mériter de plus en plus la continuation des grâces de S. M.

Le défaut de caution m'étant cependant un obstacle à la lui donner je vous en fais part, Monsieur, pour m'aviser les déterminations convenables.

Quoique Rousseau ne donnât pas suite à ses velléités de se fixer en Savoie, il ne put, dès lors, s'empêcher de revivre, en pensée, les plus belles années de sa vie. Le souvenir de Mme de Warens, à cette époque, ne le quitta plus ; dès le mois de mars 1766, Rousseau se mit à écrire, dans sa retraite de Wootton, ces premiers livres des *Confessions*, qui contiennent les pages les plus fraîches et les plus ravissantes de la littérature française. Mme de Warens y occupe le centre du tableau ; désormais son charmant souvenir s'identifiera complètement au chef-d'œuvre de Jean-Jacques.

Qui osera, jamais, mettre en doute l'affection sincère que Rousseau eut pour sa bienfaitrice ? Quelle femme saurait lire.

sans émotion, entre les lignes, la curieuse lettre que le pauvre philosophe écrivit de Grenoble, le 25 juillet 1768, à trois heures du matin, à Thérèse Le Vasseur, qu'il faisait appeler Mademoiselle Renou. Ah ! méprisons les hypocrites indignations des rhéteurs ! Le cri du cœur est là, en trois lignes : « *Mon principal objet est bien, dans ce petit voyage, d'aller sur la tombe de cette tendre mère que vous avez connue, pleurer le malheur que j'ai eu de lui survivre.* »

Rousseau ne fit que passer à Chambéry ; le 16 août, il correspond de Bourgoin, avec M. le comte de Tonnerre. Dans une lettre du 25 juillet, il appelle encore Thérèse « chère sœur. » Dans sa missive du 31 août, à M. Laliaud, il la nomme pour la première fois *ma femme* ; il y avait, alors, treize ans qu'il vivait, dans une *tendre et pure fraternité*, avec celle qui fut l'opprobre de ses derniers jours. C'est bien en juin 1754, à 42 ans, qu'il avait, à Chambéry, réitéré, vivement et vainement, les instances qu'il avait faites, plusieurs fois, à Madame de Warens, dans ses lettres, de venir vivre paisiblement avec lui. Et, cependant, ce ne fut qu'en 1767, que *la première lueur d'une meilleure fortune* brillait pour celui qui, en 1770, écrivait encore à un jeune homme : « Je connois l'indigence et son poids... »

Revenons à la pauvre succession de Madame de Warens. Alors que Jean-Jacques se préparait à faire un pèlerinage sur sa tombe, l'Intendant général de Savoie rendait, le 22 juillet, une ordonnance ainsi conçue :

Joseph Capris, comte de Castellamont, Intendant Général de Justice, Police et Finances pour S. M. deçà les Monts.

M^r. Claude Crepine Commissaire d'Extentes habitant de la presente Ville ayant fait diverses jnstances aux fins que les chambres de la maison qu'il possede rière le faubourg de Nezin parroisse de St Pierre de Lement qu'il avoit loüe a feue dame Eleonore de Vuarens Baronne de la Tour soient evacuées, et debarassées de tous les meubles, et effets qui s'y trouverent lors de son decez, et vû notre ordonnance du troisième septembre mil sept cent soixante deux portant commission a M^r. Ruffard Greffier de cette intendance pour proceder a jnventaire d'jceux, de meme que l'acte jnventorial qu'il en dressat et signé l'onze septembre susdit par lequel le Sr Jean a feu Estienne Danel fut etabli gardiateur de tous les meubles effets jnventaries avec promesses de les representer toutes fois, et quantes il en seroit requis

En consequence etant juste de debarasser les susd^{es} chambres des effets susdits pour que M^r. Crepine puisse etre a meme de les louer a qui bon luy semblera, Nous ordonnons que M^r. Ruffard, et en cas d'empechement que M^r. Cabuat son substitut fera revetir le d^t. jnventaire par le d^t. S^r. Jean Danel qui sera a ces fins appellé, et qu'jceluy etant revetu tous les meubles, et effets dont s'agit seront transportés à notre Bureau, ou ils resteront deposités jusqu'a ce qu'il soit autrement ordonné et que les clefs des dites chambres seront remises au d^t. Mr Crepine pour s'en servir ainsy qu'il verra a faire Chambery le vingt deux juillet mil sept cent soixante huit signé par le seigneur Comte Capris de Castellamont.

Cette ordonnance, conservée aux Archives d'Etat, à Turin, est complétée, au même fonds, par l'extrait suivant « de Verbal de Revetissement d'Jnventaire fait par M^r. Cabuat substitut de M^r. Ruffard du 27 juillet 1768 » :

L'an mil sept cent soixante huit et le vingt sept du mois de juillet je soubsigné Jean François Cabuat Notaire Collegié substitut de M^r. Ruffard Greffier de l'jntendance generale.

Fais sçavoir a vous Monsieur le Comte Capris de Castellamont jntendant general de justice, Police, et finances pour S. M. dans le Duché de Savoye qu'ayant eté commis par votre ordonnance du vingt deux de ce mois aux fins de me trasporter au faubourg de Nezin paroisse de S^t. Pierre de Lement, et dans la maison de M^r. Claude Crepine Com^{re} d'Extentes, Jcelle cy devant occupée par feue Dame Eleonore de Vuarens Baronne De la Tour pour y proceder par l'entremise du S^r. Jean Danel son homme d'affaire en revetissement de l'jnventaire fait par M^r. Ruffard les trois et quatre septembre mil sept cent soixante deux des meubles et effets delaissés dans la ditte maison par la ditte feue Dame dont le d^t. Danel fut Etably Gardiateur sous l'obligation de les representer toutes fois, et quantes il en seroit requis aux peines de tous depens, dommages, jnterets avec constitution de tous ses biens, et le d^t. acte de revetissement achevé, faire transporter les d^{ts}. meubles, et effets au Bureau de l'Jntendance, evacuer la d^e. maison, et en remettre ensuite les cléfs au d^t. M^r. Crepine, de laquelle sus d^e commission desirant m'acquitter

A ces fins l'an, et jour que dessus je me suis transporté avec le S^r. Joseph Marie Ruffard, et hon^{ble}. Claude Guelard dit Panvin que j'ay pris pour m'assister au d^t. acte au d^t. faubourg de Nezin et en la sus d^e. maison accompagné du d^t. S^r. Danel auquel j'aurois lû le contenu en l'jnventaire fait par M^r. pierre Ruffard et donné a entendre l'obligation ou il etoit de me representer tous les effets dont y est fait mention article par article de meme que l'existence des sceaux apposés sur les differents buffets, Gardes Robbes, et Coffres, a tout quoy le d^t. Jean Danel m'at repondu en l'assistance de qui dessus avoir vendu tous les effets, meubles, décrits dans le d^t jnventaire pour la somme de cent, et vingt livres pour subvenir a ses besoins subsistance, à tant moins, et a bon compte de ses gages et de l'argent qu'il a delivré pour les frais funeraires de la ditte Dame de Vuarens suivant la notte qu'il m'en at remis ce jourdhuy par luy signée que j'ay joint en fin du present pour y faire corps, pour le surplus desquels susd^{ts} droits il proteste tres expressement ; mais quil me representeroit tous les sceaux apposes sur les Gardes Robbes, et coffres dans leur entiers a l'effet de quoy ayant ouvert la porte d'entrée de la d^e maison jaurois trouvé dans la première Chambre qui est une cuisine une grande table a bois sapin a quatre pilliers avec un banc meme bois sur la quelle etoient dispersées differentes Drogues servants a dissoudre des mineraux que j'ay fait jetter pour n'etre d'aucun usage, et toutes evaporées ; Nous serions ensuite entres dans la seconde qui est l'endroît ou la d^e Dame est decedée : j'y aurois trouvé un ciel de lit de serge verte fort usé attaché au plancher, un garde Robbe de sapin a une seule porte, sur la serrure du quel j'aurois reconnu le sceau du seigneur jntendant, n'y altéré, n'y vitié, lequel ayant eté ouvert jy auroit trouvé quantité de papiers suivant, et comm'est porté par l'Jnventaire, et successivement nous serions entrés dans la troisieme qu'est la Chambre qu'occupoit le d^t. Danel jy aurois de meme trouvé un Bahu, un coffre de noyer une petite cassette de sapin et un petit Garde Robbe du meme bois a deux portes tous dûement scellés et cachettés, et les ayant ouverts sauf le

Bahu pour n'avoir d'jceluy la clef, il s'y seroit trouvée quantité de papiers pliés dans des servietes lesquels j'ay laissé dans les d^es Garde Robbe et Coffre, et de la nous serions venu dans une quatrieme Chambre laquelle est plaine de diverses pieces de terre non encore Cuittes ny vernissées, comme ecuelles, plats, vases a fleur et autres semblables tous hors d'usage pour etre la plus grande partie fusée pour y avoir une goutiere dans la ditte Chambre et l'autre partie felée par rapport aux jntemperies de l'air et au transport que l'on en a fait dez le Rez de Chaussé ou elle etoit appartenant a Monsr. le Comte de Rochefort en la ditte Chambre, la quelle ditte terre j'ay crû devoir laisser au dit endroit jusqu'à nouvel ordre, nous serions finalement descendus, et ayant parcouru un Balcon je serois entré dans un petit cabinet dependant de la d^e maison et attigû a jcelle qui servoit cy devant au d^t. Danel de laboratoire pour dissoudre ses mineraux et lesciver les cendres des Orphevres, je n'y aurois trouvé que des pierres de mines de differentes façon, et des susdittes cendres deja lescivées que j'ay fait jetter pour n'etre d'aucun usage pourrissant et chargeant au contraire le sous-pied du d^t. plancher ; ce fait j'aurois fait conduire par un charriot au Bureau de l'Jntendance les d^{ts}. deux Gardes Robbes, la table, et son banc, les trois coffres tous dûement fermés et le ciel de lit pour y etre, et rester le tout deposité jusqu'a ce qu'autrement soit ordonné et j'ay ensuitte fait remettre par le d^t Danel au d^t. M^r. Crepine ce jourdhuy les clefs de la d^e maison, et ce dernier m'at Demandé acte du jour de la remission d'jcelles et a protesté de la somme de huit cent huitante cinq livres six sols huit deniers qu'il m'a déclaré luy etre dûes pour le loiier de la ditte maison a forme de l'assencement a moi exhibé du quinze avril mil sept cent soixante un qui at commencé au premier juillet suivant a raison de cent vingt cinq livres par an, m'ayant en outre déclaré que sur la susd^e. somme il distraisoit cent-cinquante une livres cinq sols qui luy ont eté payés en differents temps tant par la d⁰ feue Dame qu'en un Louis, et un Ecu neuf au dernier coin de france par le dᵗ Danel apres son decez, ayant encore protesté des degradations arrivées en sa dᵉ maison et de faire prendre acte d'etat d'jcelles, comm'encore de faire jetter les terres non cuittes n'y vernissées a la Rue pour n'etre d'aucune utilité et charger considerablement le plancher de la Chambre ou elles sont renfermées ; de tout quoy j'ay dresse le present verbal ayant le dᵗ. Sʳ. Danel et Ruffard signés cy apres et non le dᵗ Panvin pour etre jllitteré de ce enquis ainsy est Chambery les an, et jour susdits signe J. Danel, Ruffard temoin et par Mᵉ Cabuat substitut.

par Extrait
signé Cabuat subst.

Ce document, ainsi que le précédent et les trois qui vont suivre, sont conservés à Turin, aux Archives d'Etat, section II, Finances générales, chapitre 56, n° 21. Les papiers de Madame de Warens, qui étaient renfermés dans les coffres et armoires, dont il est question dans le Verbal de Cabuat, ne se trouvent plus, de nos jours, aux Archives départementales de la Savoie ; ils ont été probablement rendus à Crépine avec les meubles. Le dossier concernant Mme de Warens,— que les Archives départementales possèdent aujourd'hui et dont j'ai, le premier, publié toutes les pièces,—pourrait bien venir de ces armoires et a été trouvé, il y a vingt ans, chez un bouquiniste de Chambéry, par l'Archiviste départemental, qui l'a acheté pour le compte du département de la Savoie.

Cependant, Claude Crépine attendait toujours que l'on donnât suite à ses diverses instances ; n'obtenant pas de satisfaction complète, en dépit de l'ordonnance que l'Intendant général avait rendue en 1768, il envoya quatre ans après, le 9 novembre 1772, directement au Roi, une supplique dressée sur papier timbré, laquelle fut transmise au bureau des Royales Finances à Turin.

AU ROY

Sire

Expose en toute humilité Me Claude Crepine No^{re} Royal Com^{re} d'extentes habitant a Chambery.

Que Louise Eleonore De La Tour Baronne de Vuarens est decedée le 29 Juillet 1762 au faubourg de Nezin dud. Chambery, occupant la plus grande partie de la maison que le supliant luy avoit assencé par acte privé du 16 Avril 1761 pour trois années a commençer au premier juillet suivant sous le loier annuel de Cent vingt cinq livres payable quartier par quartier, et toujours par avance : par ordonnance de l'Intendant general en Savoye De Capris Comte de Castellamont du 3e 7bre 1762 M^r. pierre Ruffard Greffier fut commis pour proceder a l'Inventaire des meubles et effets par elle delaissés il y donna commencement le meme jour, et le paracheva le lendemain, et Jean Danel qui etoit au service de la d^t. Baronne de Vuarens en fut etabli gardiateur ; le Sup^t. dans la crainte que sa maison ne se deteriorat, si elle restoit plus longtemps fermée, se pourvut au d'. jntendant general par requete presentée le 3ᵉ xbre. suivant pour quil luy plut ordonner la vente des meubles, et effets decrits dans le d'. jnventaire apres que le dᵗ. Mʳ. Ruffard auroit procedé a la reconnoissance de scellés par luy apposés, pour des deniers en provenants etre payé de la somme de cent soixante une livre cinq sols restante dûe pour ses loiers, il ne pourvut pas sur cette requete, il l'envoyat avec un Extrait du dᵗ. assencement dans le mois de Janvier de 1764 au procureur general de Vôtre Majesté qui les luy envoyat par avoir son sentiment, et dans le courant du mois de 9bre. 1765 ; le dᵗ. jntendant luy renvoyat le tout, et meme la suplique que le supliant avoit pris la liberté de presenter a Vôtre Majesté, par laquelle Elle luy exposoit le deperissement de sa maison, et les dommages considerables qu'il souffroit et qui augmentoient journellement, en supliant V. M. de mander au dit jntendant de faire encanter les dᵗˢ. meubles

et effets, pour de l'argent en provenant
etre paie de ses loiers, pour lesquels il
luy competoit un hypoteque privilegié
sur les d^{ts}. meubles, et effets, et luy etre
ensuite remise les clefs de sa d^e. maison
pour en prevenir les plus grandes deteriorations. Les choses en sont restées au
meme etat jusqu'au 22 juillet 1768. que le
d^t jntendant general sur les jnstances de
l'exposant, ordonna que le d^t M^r. Ruffard
procederoit au Revetissement du d^t. jnventaire, il y procedat le 27. et le meme
jour, il remit les clefs de la d^e. maison
au d^t supliant qui protesta de la somme
de huit cent huitante cinq livres six sols
huit deniers qui luy etoient dues pour les
loiers sous la distraction de celle de 151^l.
5^s. qu'il avoit reçu en differents temps et
encore des degradations de la d^e. maison
qui n'a pû etre louée jusqu'a present par
l'impossibilité dans laquelle s'est trouvé
l'exposant, chargé d'une nombreuse famille, et dans un age tres avancé qui ne luy
permet presque plus de travailler, d'y
faire les reparations necessaires pour la

louer, ce qu'il n'a jamais eté en etat de faire, d'ou se sont ensuivies de plus grandes deteriorations depuis le mois de juillet de 1768. que les d^{tes} clefs luy furent remises, Elles se font a la verité actuellement, mais c'est un locataire qui a bien voulu faire l'avance d'une partie de ces reparations pour en imputer le montant sur le loier annuel, lesquelles en entrainent d'autres indispensables au compte de l'exposant qui a perdu son loier a compter depuis le d^t. mois de juillet de 1768 jusqu'a present pour plus de quatre ans, il n'en a pas eté paié jusqu'au dit mois de juillet, il n'à reçu que 151 l. 5 s. il luy est deut a raison de 125 l. par an portes par le d^t. assencement, cette somme distraitte, sept cent trente quatre livres un sol huit deniers dans l'esperance que S. M. daignera ecouter favorablement sa prière, il se prosterne tres humblement, et avec confiance aux pieds du Thrône en joignant un extrait du d^t. assencement, et des d^{es}. ordonnances, cellui du d^t. jnventaire ayant eté envoyé par le d^t. jntendant le 11 7bre. 1762.

Aux fins qu'il plaise a Votre Majesté par un effet de ses graces, ayant egard aux sus d^ts. motifs, mander a son Jntendant General en Savoye de faire paier au supliant chargé d'une nombreuse famille et d'un age tres avancé la ditte somme de 734 l. 1 s. 8 d. pour les loiers de sa d^e. maison, dont il a eté privé jusqu'au 22 juillet 1768. e telle autre somme qu'il plaira a V. M. en dedommagement des deteriorations considerables arrivées a sa ditte maison depuis le decez de la d^e. Baronne de Vuarens jusqu'au dit jour 22 juillet 1768. et des loiers qu'il a perdu pour quatre ans depuis le d^t. jour jusqu'a present, et il ne cessera, et sa famille de redubler leurs vœux au ciel pour la pretieuse conservation de Votre Majesté et de son auguste maison.

signé Crepine — supliant
— id — J Chabert p^r.

Outre l'extrait de l'ordonnance du 22 juillet 1768 et l'extrait de Verbal de Cabuat fait le 27 juillet de la même année, les deux documents suivants, libellés comme les autres sur papier timbré, se trouvent cousus à la précédente supplique :

Extrait
d'assencement du 15 avril 1761.

L'an mil sept cent soixante un et le quinze du mois d'avril a Chambery au faubourg de Nezin, je Claude Crepine Notaire Royal Collegié Commissaire d'Extentes soussigné ay par le present assencée a Dame Louise Eleonore De La Tour Baronne de Vuarens le meme appartement de la maison a elle cy devant assencé par le Sr Flandin par assencement privé du vingt may mil sept cent cinquante six, et outre ce deux petites Chambres qui sont attenantes au d^t. appartement sittué a Nezin du coté du vent, et c'est du tout avec leurs appartenances, et dependances conformément au precedent assencement, avec l'usage et passage dans la cour qui est au dessous des d^{es} deus Chambres du coté du jardin, se reservant le d^t. Crepine l'usage de la cour et c'est pour le temps, et terme de trois ans a commencer au premier juillet prochain pour etre payé de loiier des d^{ts} appartements jusqu'au dit temps, et c'est sous le loiier pour les choses cy dessus assencés de cent vingt cinq livres par année payable sçavoir trente une livres et cinq sols chaque trois mois dont le premier payement commençerat au premier juillet prochain et ainsy a continuer pendant la durée du present assencement, et au moyen du quel payement, ie promets faire jouir la ditte Dame du d^t. appartement, et Chambres, et faute de ce qu'il me sera permis d'expulser la ditte Dame d'jcelui de meme que des d^{es} Chambres, et d'assencer le tout a qui bon me semblerat le tout ainsy convenu aux peines respectives de tous depends dommages, jnterets, a l'obligation, et constitution de nos biens ; fait et passé au dit lieu en presence de Mr Louis Lognoz procureur au senat et du S^r. Jean Danel ageant de la ditte Dame tous deux habitants en cette ville signé la

Baronne de Varens De la Tour, Crepine,
Lognoz present et Jean Danel present.

par Extrait
signé Cabuat susbt

Comme il est indiqué, à la fin de la première Partie de ce volume, le bail passé avec Crépine établit que Mme de Warens avait loué, du précédent propriétaire, et dès le 20 mai 1756, le petit logement qu'elle ne devait quitter que pour descendre dans la tombe.

D'autre part, la suivante pièce a déjà été publiée, à la page 209 de ce volume, d'après le texte de la copie conservée à Chambéry ; voici, à présent, le passage de ce document, tel qu'il est joint à la requête de Crépine :

Extrait de l'Ordonnance du Seig^r Capris Comte de Castellamont jntendant General en Savoye du 3 7bre. 1762.

Joseph Capris Comte de Castellamont jntendant Generale de justice, Police, et finances pour S. M. deça les Montes

Ayant eté jnformé que demoiselle Eleonore de Vuarens Baronne De la Tour est decedée dans cette ville ab jntestat et etant du service d'empecher que les meubles, et effets ne s'ecartent pas nous commettons a toutes bonnes fins Mr Ruffard Greffier en cette jntendance generale pour proceder a l'Jnventaire d'Jceux, et pour etablir gardiateur Jean Danel qui etoit au service de la ditte feue dem^{le}. et qui occupe encore le logement qu'elle avoit, chargeant le d^t. M^r. Ruffard de dresser Verbal de ce que dessus pour nous etre rapporté, et en faire usage suivant que besoing sera a Chambery le trois septembre mil sept cent soixante deux signé par le seigneur Comte Capris de Castellamont.

Sans trop tarder, l'Intendant général de Savoie, Blanchot, envoya au Ministère des finances, à Turin, concernant la pétition du notaire Crépine, le rapport suivant, extrait des Archives départementales de la Savoie, série c., n° 138 :

Registre des Finances

Du 2 Xbre 1772

M. Boton.

En conséquence de la requête du sieur commissaire d'extentes Crépine que vous aves pris la peine de me communiquer M^r par votre lettre du 11 9bre dernier j'ai fait reconnoître dans les registres de mon bureau la marche de cette affaire. La dame de Varens étoit suisse et habitoit en Savoye depuis plusieurs années pour y tenter fortune tantot par l'emploit des Mines des Fourneaux, tantot par des fabriques de poteries en guese (1) et bien d'autres entreprises mais toujours sans succès.

En 1761 elle abitoit réellement dans la maison du supliant, en vertu d'écriture de main privé du 15 avril de ladite année portant obligation d'en payer le loyer sur le pied de 125 l., dont je me suis fait présenter l'original que j'ai fait reconnoître par les témoins en ma présence, et l'ayant collationé avec la copie qui étoit jointe à

---

(1) Lisez *gueuse*, nom vulgaire donné à la fonte de fer.

laditte requette elle s'est trouvée exactement conforme.

En 1762, pendant qu'elle donnoit des dispositions pour une poterie de terre la mort vint la surprendre. Feu M. le comte Capris, s'agissant d'une dame Etrangère et d'un pais ou la loix d'obène a lieu relativement à la Savoie, fit sur le champ procéder à l'inventaire cachètement et saisie des effets en etablissant un gardiateur qui en fut chargé ainsi qu'il conste par les verbaux et inventaires existants rière le greffier de cette intendance géneralle (1). Successivement et ledit feu seigneur intendant général en informa M. le procureur général par sa lettre du 7bre 1762 de laquelle cependant on ne trouve point de copie en ce bureau. Il répliqua par autre lettre du 18 janvier 1764 demandant des ordres là dessus, et par autres lettres des 2 et 30 juin ditte année il insista pour l'autoriser à la vante des effets saisis, et remission des clefs de la maison au pro-

(1) Ces documents ne se trouvent plus aux Archives départementales de la Savoie.

priétaire qui la réclamoit même par requette. On ne trouve ici point de réponse et il résulte que M. l'intendant général prit enfin son parti ordonnant en 1768 la remission dudit appartement au propriétaire préalable revêtement de l'inventaire ce qui fut exécuté ainsi que par son ordonnance du 22 juillet 1768 et verbal du 27 dudit mois dont il ne (sic) que le gardiateur avouat avoir vendu pour la valeur 120 l. pour sa nourriture à compte de ce qui lui étoit du par ladite dame, le reste consistoit en deux vieux garde robes et une vielle table de sapin qui furent transportés en ce bureau où elles existent encore Le Gardiateur n'a point donné de caution et se trouve de notoriété publique tout à fait misérable. Les dits effets existans peuvent être de la valeur tout au plus de quinze ou 20 l. lesquels, quoique exposés en vente ne trouvèrent point de miseurs, ainsi que M[rs] les secrétaires du bureau m'assurent.

Par ce détail vous sentés, Monsieur, que feu M. le comte Capris étoit en règle et que le supliant n'est pas moins en droit de prétendre son loyer. Sa maison a été occupé pendant l'espace de 7 ans d'autorité publique et légitime, il a souvent réclamé ainsi qu'il résulte par lesdittes lettres et il me paroit en concéquence sauf meilleur avis, que le loier lui en est dû sous la déduction des 120 l. qu'il avoue dans sa requette avoir reçu de la dame défunte.

Mais je ne crois pas que le loier lui soit dû sur le pied de laditte écriture 1761 puisque l'obligation de la défunte obérée doit être censée éteinte de son décès.

Ce scroit donc *arbitrio boni viri* qu'on le devroit régler et m'étant secrètement informé sur quel pied le propriétaire l'a loué actuelement et à combien on pourroit équitablement fixer le louer il m'est résulté que laditte maison est actuellement assencée pour L. 100 l'année et qu'en cas du décès de laditte dame, étant mal en ordre, exigeant beaucoup de réparation, le propriétaire auroit eu de la peine d'en percevoir plus 80 l. ou 90 l. l'année et que d'ailleur s'agissant d'un particulier en réputation d'honnête homme très versé dans la profession de Commissaire et dans quelques de..... S. M. pourroit deigner lui faire payer 400 l. outre la remission en sa faveur desdittes tables garderobes moiennant quittance finale pour le loier dont s'agit jusqu'à la vuidange et remission des clefs de laditte maison en 1768 ainsi qu'il est dit plus haut.

Ce rapport n'amena pas de solution définitive et traîna, pendant plus de trois ans, dans les cartons du Ministère à Turin, témoin la lettre suivante, dont la teneur est extraite des Archives départementales de la Savoie, — Série c. n° 142 :

Lettres aux Finances

Du 27 avril (1776)

M^r. Botton

Je ne scaurais mieux faire pour évacuer le contenu en la supplique de M. Crépine qui me parvint dans votre lettre du 10 janvier dernier que vous me rappeles par la première des 4 dont vous m'avé honoré le 24 de ce mois que de vous mettre sous les yeux cy inclus un double de celle que M. Blanchot vous écrivit le 2 Xbre 1772 laquelle contient sa relation sur le contenu en un semblable placet que ledit notaire avoit présenté pour lors sur le même objet dont est celuy que j'ai l'honneur de vous restituer cy joint.

Enfin, *quatorze ans après la mort de Madame de Warens*, Claude Crépine obtint satisfaction complète, ainsi que cela ressort des deux pièces suivantes, extraites des Archives départementales de la Savoie, — Série c. n° 343 :

Du 31 mai 1776

M. Crépine — 400 l.

M. le trésorier général Mansoz, Sa Majesté ordonne que des deniers de votre recette générale, vous payés au notaire Claude Crépine, la somme de 400 l. en indamnisation du loyer de la maison qu'il possède dans le faubourg de Nezin de cette ville, et qui a été retenue d'authorité publique et légitime, dès le décès de la dame baronne de Vuarens qui en étoit ascensatrice, le loyer de laquelle maison a été interrompu dès l'année 1762 jusqu'en 1768, ainsi qu'il nous l'a été mandé par lettre du bureau général des finances du 29 de ce mois, dont extrait est cy joint, au moyen duquel, du présent provisionnel et quittance dudit sieur Crépine il vous sera fourni pour ladite somme de 400 l., le décharge suffisant, par le bureau général des finances.

Sur la relation que j'ai eu l'honneur de faire au Roy de la suplique du notaire Claude Crépine de Chambéry qui imploroit le payement du loyer de la maison qu'il possède dans le fauxbourg de Nezin de cette ville et qui a été retenue d'authorité publique et légitime dès le décès de la dame baronne de Warrens qui en étoit ascensatrice, arrivé en 1762, jusqu'en 1768, Sa Majesté a bien voulu pourvoir à son indemnisation de la manière que vous l'avez proposé, c'est à dire en lui accordant la somme de L. 400, et ordonnant en sa faveur la remission des meubles et effets dont il est parlé dans la copie de lettre dont vous avés accompagné le retour de ce recours. Vous aurés donc la complaisance de vous y conformer et de lui faire passer quittance pour tout ce qui peut lui être dû à cet égard.

Turin le 29 mai 1776.

signé Botton de Castellamont.

Le même fonds, — Série C. N° 143, — contient aussi la lettre suivante, par laquelle l'Jntendant général de Chambéry faisait savoir au Ministère des finances, à Turin, qu'il allait exécuter les ordres, qu'il venait d'en recevoir, concernant le règlement de l'indemnité accordée par le Roi au notaire Crépine. Ce document met fin, ce semble, à l'histoire de la pauvre succession de Mme de Warens, à Chambéry :

Lettres — Finances

Du 1ᵉʳ juin 1776

(Botton)

Suivant que vous me le mandés par votre 8ᵉ du 29 may je ferai payer au notaire claude Crépine de Chambéry les 400 l. que le Roy a ordonné lui être payées en indemnisation du loyer de sa maison au fauxbourg de Nezin et qui a été retenue dez le décès de la dame baronne de Vuarens qui la tenoit en assensement, je lui ferai en même tems remettre les meubles et effets qui y existoient lors de son dit décès, je lui ferai passer quittance du tout que je retiendrai dans le greffe de mon bureau et vous en enverrai à toutes bonnes fins un double authentique.

Deux ans après, le 2 juillet, Jean-Jacques mourait à l'âge de 66 ans, d'une apoplexie séreuse. Un Savoyard, le docteur Caffe, a détruit irrévocablement la légende du suicide, dans le Nº 34, 33ᵉ année, 10 décembre 1866, du Journal des Connaissances médicales.

JEAN-JACQUES ROUSSEAU

ET

Mme DE WARENS

A LA FOSSE COMMUNE

JEAN-JACQUES ROUSSEAU

ET

Mme DE WARENS

A LA FOSSE COMMUNE

Paul Lacroix, dans l'*Intermédiaire* du 5 février 1864, a raconté le sacrilège qui fut commis pendant une nuit du mois de mai 1814 :

« Les ossements de Voltaire et de Rousseau furent extraits des cercueils de plomb où ils avaient été enfermés ; on les réunit dans un sac de toile et on les porta dans un fiacre qui stationnait derrière l'église du Panthéon. Le fiacre s'ébranla lentement, accompagné de cinq ou six personnes, entre autres les deux frères de Puymorin. On arriva vers deux heures du matin, par les rues désertes, à la barrière de la gare vis-à-vis de Bercy. Il y avait là un terrain entouré d'une clôture en planches, lequel avait fait partie de l'ancien périmètre de la gare qui devait être créée en cet endroit pour servir d'entrepôt au commerce de la Seine, mais qui n'avait jamais existé qu'en projet... Les alentours étaient déjà envahis par des cabarets et des guinguettes.

Une ouverture profonde était préparée au milieu de ce terrain vague et abandonné, où d'autres personnages attendaient l'arrivée de l'étrange convoi de Voltaire et de Rousseau ; on vida le sac rempli d'ossements sur un lit de chaux vive, puis on rejeta la terre par-dessus, de manière à combler la fosse sur laquelle piétinèrent en silence les auteurs de cette dernière inhumation... Ils remontèrent ensuite en voiture, satisfaits d'avoir rempli, selon eux, un devoir sacré de royaliste et de chrétien. « Plût à Dieu, disait M. de Puymorin, qu'il eût été possible d'ensevelir à jamais, avec les restes de ces deux philosophes impies et révolutionnaires, leurs doctrines pernicieuses et leurs détestables ouvrages ! »

Les cendres de Mme de Warens devaient avoir une destinée analogue.

Un ouvrage, publié à Londres vers la fin du siècle dernier : *Promenade au Mont-Blanc et autour du lac de Genève*, établit, à la page 17, que l'amie de Jean-Jacques fut enterrée au cimetière et non dans l'église de Lémenc : « Je remonte le côté opposé de la ville et j'arrive au cimetière. Un vieux homme s'y reposoit, un pied sur une bêche, l'autre près d'une tombe qu'il venoit de couvrir. Je lui demande s'il est le marguillier de la paroisse. — Oui, monsieur. — Y a-t-il longtemps ? — Cinquante ans. — Vous avez enterré Madame de Warens ? — Oui : elle est là (en me désignant du doigt le lieu où elle repose). A la recommandation de plusieurs personnes de la ville, et de beaucoup d'étrangers, je n'ai jamais enterré au-dessus d'elle, ni près d'elle.

« Je m'approche palpitant.... Il me trace avec sa bêche le contour de l'espace qu'elle occupe ; il est couvert de plantes ; quelques-unes étoient en fleurs. Je m'arrête.... mes regards percent ce sol qui la couvre, je suis ému jusqu'à suffoquer. Bien des fois, j'ai voulu remonter à la source de tant d'intérêt pour Madame de Warens, et je n'ai pu y parvenir. Seroit-elle dans des ressemblances plus imaginaires que réelles, et, par là, plus vives, plus affectantes ? Seroit-ce aussi que l'esquisse, qu'en a tracé Rousseau, ressemble à ces coups de crayon ou de pinceau des grands maîtres, qui disent infiniment par la magie d'un talent infini ? »

La tombe de Mme de Warens subsista longtemps. Beaucoup de personnes se souviennent parfaitement de l'avoir vue. Un érudit, Félix Genin, auxiliaire aux Archives de la ville de Lyon, écrivait en janvier 1891 : « Je croyais avoir dans le temps pris note de l'inscription funéraire de Mme de Warens. Je voulais vous la transmettre et pour cela j'ai fait le dépouillement de *toutes* mes paperasses, carnets, notes, etc. Je viens seulement d'achever cette fastidieuse opération, en vain, hélas ! je n'ai rien retrouvé.

J'arrive donc, avec mes seuls souvenirs, à l'objet de votre demande.

J'ai vu, en 1844, je crois, sans être sûr de la date, la pierre tombale de Mme de Warens, portant son nom, dans l'angle du cimetière de Lémenc, à droite de l'entrée de l'église. Cette pierre polie était tout à fait simple et sans ornements.

Elle était presque couverte par une haute végétation ; ayant cédé, elle était recouverte, à un de ses angles inférieurs, celui de gauche, par de la terre. Elle était entièrement négligée et abandonnée. Elle gisait à deux mètres environ du mur de clôture du côté du passage d'entrée à l'église et à un mètre seulement du mur de l'église.

Le bas de la pierre était tourné vers la même entrée, l'inscription en tête ; par conséquent, pour lire celle-ci, il fallait y faire face et tourner le dos au passage donnant entrée au temple.

Je ne puis me souvenir du texte de l'inscription, seulement je suis très sûr d'avoir lu le nom : de Warens, qui était très lisible et gravé en creux. Je me rappelle encore de la tristesse qui m'étreignit, quand je vis ce honteux abandon.

J'étais au collège de Chambéry, tenu à cette époque par les jésuites. C'était le surveillant, qui nous menait à la promenade, qui nous avait fait ouvrir le cimetière, lequel était tout entier, y compris la chapelle du fond, dans un état de délabrement complet. Je n'étais donc pas seul, et quand j'eus découvert la tombe de Mme de Warens, mes camarades vinrent la visiter et nous déplorâmes la négligence de l'administration ecclésiastique. Nous connaissions les Charmettes, Jean-Jacques et ses ouvrages, que nous lisions dans les réfutations que nous prodiguaient les RR. PP. Nous n'étions ignorants de rien !

Le nom de mes condisciples m'échappe, je ne puis me les rappeler. Mme de Warens n'a pas été enterrée dans l'église. A l'époque de sa mort, avait, je crois, paru l'ordonnance qui prohibait ce genre de sépulture. Observation capitale : j'ai vu le sol de l'église de Lémenc d'au moins 1 m. 50 plus bas et je l'ai vu exhaussé, ce qui exempte de descendre sept ou huit marches pour pénétrer dans le temple. Dans ce travail, on ne peut guère supposer qu'on ait porté la pierre tombale dans un coin de l'église. Non. Mme de Warens a été enterrée dans le cimetière et non dans l'église de Lémenc; pour moi, cela ne fait pas l'ombre d'un doute. A l'époque où je retrouvais cette tombe, il n'y avait pas de monuments funéraires dans le cimetière de Lémenc, mais seulement des croix et des pierres ».

La tombe de Mme de Warens disparut dans la seconde moitié de ce siècle, car il n'est pas encore question de sa destruction dans la première édition du *Guide en Savoie*, de Gabriel de Mortillet, parue en 1855. Par contre, il y est dit, à la page

26 de la 4ᵉ édition datée de 1878 : « C'est devant l'église de Lémenc qu'avait été enterrée M^(me) de Warens, *transportée ensuite au cimetière de la ville* ». Le gardien de ce dernier se souvient très bien d'avoir reçu des ossements provenant du champ de repos de Lémenc, mais il y en avait une certaine quantité et ils furent inhumés dans l'une des fosses communes du cimetière de la ville, sans que le gardien puisse préciser laquelle les reçut, ni l'époque exacte de ce transfert. Ce dernier eut certainement lieu avant 1864, car les Archives de la mairie de Chambéry ne contiennent, à son sujet, aucun document depuis cette année, où elles furent anéanties par l'incendie du 12 au 13 février, pendant le séjour provisoire des bureaux de l'hôtel de ville dans les locaux du Théâtre. D'autre part, le vicaire général du diocèse de Chambéry, M. l'abbé Quay-Thevenon, a bien voulu se donner la peine de dépouiller les archives paroissiales de Lémenc, mais l'obligeant ecclésiastique n'a pas retrouvé la trace *écrite* du transfert de la dépouille de M^(me) de

Warens. Jules Vuy, dans ses *Lettres inédites de Mme de Warens,* dit bien que : « sa tombe fut creusée au pied d'un vieux et immense tilleul, voisin d'une porte cochère qui s'ouvrait sur le chemin public ». Le tilleul n'existant plus, la sépulture a dû subir, évidemment, le sort de l'arbre.

L'histoire devra donc se contenter de la tradition orale, qui est indéniable, dans les termes consignés à la page 26 de la 4e édition du *Guide en Savoie* de Gabriel de Mortillet. L'ensemble des recherches, condensées dans ce chapitre, a retardé d'une année la publication du présent volume, destiné à paraître en 1890.

CETTE PUBLICATION

COMPLÈTE EN QUATRE VOLUMES :

La Conversion de Mme de Warens,
Les Pensées de Mme de Warens,
Une poignée de documents inédits
concernant Mme de Warens,
Les dernières années de Mme de Warens,

Commencée en 1886,
Terminée en 1891,
a été faite

par

Albert METZGER,
publiciste français,
né le 31 mars 1853, à Mulhouse
(Haut-Rhin),

et imprimée par
C.-P. MÉNARD, de Chambéry.

A PROPOS

DES PROCÉDÉS LITTÉRAIRES

DE M. FRANÇOIS MUGNIER,

Conseiller à la Cour d'appel de Chambéry.

A PROPOS
DES PROCÉDÉS LITTÉRAIRES

DE M. FRANÇOIS MUGNIER

Conseiller à la Cour d'appel de Chambéry.

La *Bibliographie nouvelle*, éditée par Gaume et Cie, de Paris, disait, dans son numéro de mars 1889, en rendant compte du volume : *Une poignée de documents inédits concernant Mme de Warens (1726-1754)* :

« Le titre de cet ouvrage n'est point menteur ; il consiste surtout en documents trouvés à Londres, aux archives d'Etat à Turin et à l'ancien Tabellion de Chambéry, avec la photographie du portrait de la baronne, conservé au musée Arlaud, de Lausanne, et le fac-similé de son billet du 10 février 1754, où elle se plaint à Jean-Jacques de l'avoir abandonnée : « Vous vérifié bien En Moy le « chapitre que je vien de Lire dans limi- « tations de jesuschris ou il est dit que « la ou nous métons nos plus fermes « Esperence, est ce quy nous menque- « ras, totalement.... », etc.

« M. Albert Metzger, tout en plaignant Mme de Warens, s'attache à défendre Rousseau contre cette accusation, en faisant porter tout le poids des malheurs de la protectrice du philosophe sur Wintzenried et ses autres acolytes.

« En manière de conclusion, dit-il, le « dernier mot restera à la pitié, et à « Jean-Jacques, qui allait dater de Cham- « béry, le 12 juin 1757, la dédicace de « son discours sur l'origine et les fon- « dements de l'inégalité parmi les hom- « mes » et qui, d'après ce qu'il raconte au livre VIII de ses *Confessions*, fit inutilement son possible pour pouvoir emmener la baronne « vivre paisiblement « avec lui. »

« Qu'on pense ce qu'on voudra de cette

conclusion, de Rousseau et de la résolution de la baronne, on ne peut refuser à M. Albert Metzger d'être un de ces chercheurs patients et zélés de nos académies de province, qui ramassent péniblement et amoureusement les matériaux utilisés ensuite par des écrivains plus hardis, ambitieux du titre d'historiens et dont le mérite n'est pas la reconnaissance pour les travailleurs modestes dont ils ont pillé les trésors. » V. II.

La *Bibliographie nouvelle* voyait loin.

A la publication de mon premier volume, *La Conversion de Mme de Warens*, M. le conseiller François Mugnier m'écrivait, le 22 novembre 1886, en qualité de président de la Société savoisienne d'histoire et d'archéologie : « La Société m'a chargé de vous adresser ses vifs remerciements pour l'hommage que vous avez bien voulu lui faire de votre ouvrage. »

Deux ans plus tard, je publiais *Les Pensées de Mme de Warens*, puis, *Une poignée de documents inédits concernant Mme de Warens*, et ces deux volumes avaient l'honneur d'être analysés, à leur apparition, dans les comptes rendus des séances de l'Académie de Savoie, — ainsi que dans le fascicule 1er, deuxième année, du Bulletin des Travaux de l'Université de Lyon, 1889, sous la signature de M. Fontaine, depuis doyen de la Faculté des lettres de la deuxième ville de France.

Enfin, le Grand Dictionnaire universel de Pierre Larousse, dans le 2e supplément, fascicule 51, page 2001, consacrait l'article suivant à mes recherches :

« WARENS *(une poignée de documents inédits sur Mme de)*, par M. Albert Metzger (1888, in-16). Les fervents amis de Jean-Jacques Rousseau et de celle qui fut son éducatrice en amour trouveront dans ce volume, que complètent deux autres publications du même érudit, *la Conversion de Mme de Warens* (1886, in-16) et *les*

Pensées de Mme de Warens (1888, in-16), une notable quantité de renseignements précis, curieux, et de documents restés jusqu'à nos jours enfouis dans les archives de Chambéry et de Lausanne. La plupart ne se rapportent pas précisément à l'épisode le plus célèbre de la vie de Mme de Warens, c'est-à-dire à sa liaison avec Rousseau, mais on est bien aise de connaître par le menu tous les détails de l'existence d'une femme qui eut sur Rousseau, et par suite sur le xviiie siècle, une si grande influence. Les circonstances qui ont accompagné sa conversion sont connues ; on lira toutefois avec intérêt, dans *la Conversion de Mme de Warens*, le détail de ses démêlés avec son mari, le baron de Warens, auquel, en l'abandonnant, elle avait fait cession complète de ses biens et qui néanmoins crut devoir, dans une longue lettre reproduite *in extenso* par M. Albert Metzger, relever tous les griefs qu'il croyait avoir contre elle. Les documents découverts et mis en œuvre par M. Metzger sont surtout des actes notariés ; ils nous permettent de suivre Mme de Warens dans toutes ses résidences, tant aux Charmettes qu'avant qu'elle ne vînt s'y établir et après qu'elles les eût quittées ; on a aussi sous les yeux divers actes d'association qu'elle signa, lorsque, après le départ de Jean-Jacques, elle prit pour amant ce Rodolphe Wintzenried, ancien perruquier qui se faisait appeler le chevalier de Courtilles, et qui la mêla à toutes sortes d'affaires industrielles où elle trouva sa ruine. C'est durant cette période que Jean-Jacques refusa à la fin de lui venir en aide, voyant que ce qu'il faisait pour elle ne profitait qu'à des fripons, et M. Metzger reproduit en fac-similé un billet navrant de Mme de Warens qui reproche à son ancien amant ce qu'elle appelle son ingratitude ; elle eut bien plus à se plaindre encore de Wintzenried, qui l'abandonna pour se marier et l'on a la lettre dans laquelle la pauvre femme lui donne des conseils à suivre s'il veut être heureux en ménage.

Une partie du volume intitulé *Pensées de Mme de Warens* a trait à l'iconographie de cette femme aimable, restée si séduisante malgré ses faiblesses, ou peut-être à cause de ses faiblesses. M. A. Metzger établit que, de tous les portraits que l'on connaît d'elle, deux seulement sont authentiques, celui du musée de Lausanne, attribué à Largillière, et un autre, celui-là bien certainement de Largillière et signé de lui, qui se trouve à Boston, dans la collection particulière de sir Samuel Hammond-Russel. Le premier ne donne de Mme de Warens qu'une idée insignifiante ; aussi trouvait-on que Jean-Jacques avait dû beaucoup embellir sa « maman » en disant d'elle : « Elle avait un air caressant et tendre, un regard très doux, un sourire angélique, des cheveux cendrés d'une beauté peu commune et auxquels elle donnait un tour négligé qui la rendait très piquante. Il était impossible de voir une plus belle tête, un plus beau sein, de plus belles mains et de plus beaux bras. » Le Largillière de Boston, où elle est représentée les bras nus, vêtue d'une robe bleue bordée d'une bande de soie feuille morte, décolletée en pointe et laissant voir, sous quelques bouillons de dentelle, une poitrine éblouissante, approche beaucoup plus du portrait tracé à la plume par J.-J. Rousseau. »

Or, le 3 décembre 1890, M. François Mugnier, conseiller à la Cour d'appel de Chambéry, a fait paraître à Paris, chez Calmann Lévy, un volume intitulé : *Madame de Warens et J.-J. Rousseau*, dans lequel il met en œuvre, comme c'était son droit, les documents inédits publiés dans mes trois ouvrages, mais sans me citer une seule fois, si ce n'est à la page 125, pour m'y imputer (il semble) la publication d'un texte erroné, et à la page 307 pour y citer *in extenso* un document dont je lui avais communiqué l'original, et pour s'abstenir soigneusement d'indiquer que j'avais, dès 1888, publié cette pièce à la page 256 de mon volume, *Les Pensées de M*^{me} *de Warens*. De la citation consciencieuse de tous les autres auteurs consultés *et mêmes de ses ouvrages*, il résulte que l'omission de M. Mugnier est volontaire et constitue un procédé littéraire dont j'ai signalé la niaiserie, par ma lettre du 11 décembre 1890, à l'éditeur Calmann Lévy, 3, rue Auber à Paris.

Pour conclure, voici l'article que l'une des meilleures plumes de Savoie, M. Claudius Bouvier, a consacré, dans le *Courrier des Alpes* du 18 décembre 1890, à l'ouvrage de M. François Mugnier et à ses procédés littéraires :

BIBLIOGRAPHIE SAVOYARDE

Madame de Warens et J.-J. Rousseau, *étude historique et critique, par François Mugnier, conseiller à la Cour d'appel de Chambéry.*

« Depuis longtemps on a cessé de regarder Madame de Warens par les yeux de Jean-Jacques. Etre sensible, chez qui l'instinct moral n'était pas éveillé, Rousseau avait peint sa bienfaitrice — si malfaisante pour lui — sous les couleurs que lui fournissait son imagination exaltée par le souvenir des années joyeuses. Il ne la pouvait juger. Il n'était pas préparé à ce rôle. Quand il écrivit ses *Confessions*, au déclin de sa vie inquiète, pleine de honte ou de démence, il était ému en revoyant par la pensée les coins de Savoie où il avait cru être heureux. Dans ce cadre brillait une figure dont il n'avait jamais compris les difformités et dont il ne se rappelait que les grâces. Le portrait qu'il en fit resta dans la galerie littéraire avec les traits apprêtés et les teintes fausses arrangées par l'artiste.

Mais les érudits ont braqué sur le tableau la lumière de leur lanterne sourde. A cette clarté impitoyable, le personnage de convention s'est évanoui. La *bonne maman* reste en définitive peu sympathique et moins estimable encore. Le gros livre que lui consacre M. Mugnier ne servira pas à sa réhabilitation.

Mauvaise épouse, convertie suspecte, intrigante consommée, un peu espionne, insoucieuse de l'honneur de son foyer, tourmentée du désir de paraître, s'agitant sans cesse, entreprenant mille affaires, poursuivant le plaisir et la fortune, telle apparaît la dame vaudoise qui, après avoir vécu environ trente-cinq ans en Savoie, fut ensevelie le 30 juillet 1762 dans le cimetière de Nezin, à Chambéry.

« Le dossier de Madame de Warens. » Ce titre conviendrait à l'ouvrage récemment paru ; dossier complet où tout ce qui contribue à former l'opinion d'un juge est réuni et classé. M. Mugnier se proposait de suivre son héroïne à toutes les étapes de sa vie en Savoie et d'éclairer par surcroît les trentes premières années de Rousseau. On reconnaît à la lecture de son livre qu'il n'a rien négligé pour atteindre ce but. Il a fouillé toutes les sources d'informations et quoiqu'il s'étudie, sans doute afin de ménager l'attention de ses lecteurs, *à citer rarement les auteurs qui lui ont frayé la voie*, il laisse voir que nul document inédit ou banal ne lui a échappé.

Document banal ! l'expression est ou-

trée. Le livre de M. Mugnier perd peut-être dans beaucoup de ses parties l'attrait de la nouveauté aux yeux des érudits qui connaissent les travaux minutieux de M. Albert Metzger. A Chambéry, notamment, les trois volumes, publiés par cet écrivain sur Madame de Warens, avaient déjà montré beaucoup de choses que notre compatriote rapporte pour la seconde fois. On ne saurait faire un grief de ces répétitions. C'est, dit le poète, imiter quelqu'un que de planter des choux. Le tout est de ne pas les planter dans le champ d'autrui.

Un critique littéraire, qui n'aurait pas notre parti-pris d'admiration et qui serait mieux autorisé, trouverait dans l'ouvrage qui vient de paraître matière à reproches plus sérieux. Il regretterait que M. Mugnier n'eût pas répandu sur son écrit plus d'agrément. La composition lui semblerait peut-être sèche, le style lourd. En voyant Madame de Warens et Rousseau étudiés dans ce gros volume sans qu'un éclair d'artiste, une vue de philosophe, un jugement d'historien coupe la narration, éclaire le détail et élève l'esprit, il pourrait prendre de l'humeur. Le mot de Zulietta à Jean-Jacques lui remonterait à la mémoire et il serait tenté d'appliquer à l'auteur le conseil de la Vénitienne : « Lascia le donne e studia la matematica ».

Franchement cette sévérité serait injuste. Elle blesserait un homme très laborieux qui a chez les archéologues de notre pays un renom de vrai savant. »

Et, là-dessus, tirons l'échelle. —

Albert METZGER,
du Cercle de la Librairie de Paris.

TABLE DES MATIÈRES

TABLE DES MATIÈRES

Les dernières années de Mme de Warens :
I. — 1754-1756,.... Pages   1 à 123
II. — 1756-1762,...... —   125 à 201
Après la mort de Mme de Warens,.   205
Rousseau et Mme de Warens à la
  fosse commune,...............   257

A propos des procédés littéraires de
  M. François Mugnier,.........   271

Fac-similé de la lettre du 3 avril 1756.
Fac-similé de la mappe du cadastre de 1729.

Librairie générale Henri GEORG, passage de l'Hôtel-Dieu, Lyon.

RÉVOLUTION FRANÇAISE

NOTES ET DOCUMENTS INÉDITS

publiés par Albert METZGER
et revisés par Joseph VAESEN

Lyon en 1794.

Rixe entre volontaires et soldats de l'armée révolutionnaire. — Condamnation à mort de l'évêque constitutionnel Lamourette. — Arrêté sur la sépulture des victimes du siège. — Querelle entre les Jacobins de Lyon et le Conseil de la commune de Grenoble. — Célébration de la fête de l'Égalité. — Exécution de Jean Ripet. — Fête de J.-J. Rousseau. — Brigandages des machurés dans les campagnes.

Un beau volume, tiré à 300 exemplaires sur hollande, orné des portraits de Collot-d'Herbois et de Fouché . . . . 5 fr.

Lyon en 1795.

Poursuites contre les Farcinistes. — Réaction thermidorienne. — Arrestation de Dorfeuille. — Massacre des Jacobins. — Fête aux Brotteaux en mémoire des victimes de la Terreur. — Rapport de J. Chénier à la Convention. — Désarmement de la Garde nationale. — Conspiration jacobine. — Banquet des vétérans du siège. — Guerre de chansons.

Un beau volume, tiré à 300 exemplaires sur hollande, orné d'une vue de l'ancienne place Bellecour et du monument élevé aux victimes du siège . . . . 5 fr.

Lyon sous le Directoire

Le Consulat et l'Empire.

Interdiction des Collets Verts. — Journée du 10 mai 1796. — Acceptation de la Constitution de l'an VIII. — Délégation de la Garde nationale au sacre de l'Empereur. — Passages à Lyon de Pie VII, de Napoléon Ier, de Joséphine. — Conspiration jacobine, en 1806, pour renverser l'Empire. — L'enseignement primaire en 1807. — Défense de Lyon par Augereau, en 1814.

Un beau volume tiré à 300 exemplaires sur hollande, orné des portraits de Camille Jordan, de Pie VII et d'Augereau, 5 fr.

CENTENAIRE DE 1789.

A la veille de la Révolution.

Lyon de 1778 à 1788.

Suppression des Célestins. — Malvin de Montazet essaie de modifier la liturgie dans le sens janséniste. — Sévère condamnation des premières associations d'ouvriers. — Création d'un Institut de bienfaisance. — Fondation de la Condition des soies. — Ducis, Thomas, Henri de Prusse à Lyon. — Réorganisation du Consulat. — Création de l'Assemblée provinciale de la généralité de Lyon. — Indices précurseurs de la Révolution.

Un beau volume, tiré à 300 exemplaires sur hollande, orné des portraits de Malvin de Montazet et de Chinard . . . 5 fr.

CHAMBÉRY — LIBRAIRIE PERRIN — CHAMBÉRY

www.ingramcontent.com/pod-product-compliance
Lightning Source LLC
Chambersburg PA
CBHW071337150426
43191CB00007B/771